KB005755

상처의
인문학

상처의
인문학

초판 1쇄 2014년 12월 1일

지은이 이왕주
펴낸이 방영배, 곽유찬
펴낸곳 다음생각

편　집 심경보
디자인 신정난

주소 경기도 고양시 덕양구 화정동 967 송화빌딩 213호
전화 031-963-2123　**팩스** 031-963-2124　**이메일** nt21@hanmail.net
출판등록 2009년 10월 6일 제2011-000148호
인쇄·제본 현문인쇄　**종이** 월드페이퍼
ISBN 978-89-98035-36-5 (03100)

※ 책값은 표지 뒤쪽에 있습니다.
※ 파본은 본사와 구입하신 서점에서 교환해 드립니다.
※ 이 책은 저작권법에 의하여 보호를 받는 저작물이므로 무단 전재와 복제를 금합니다.

혼돈과
방황의
시간
깨어있는
삶을 위한

상처의
인문학

이왕주 지음

다음생각

■ 목차

들어가며 8

매체 노예   심부름꾼 13

노예 15

매체 18

가상들 22

아홉 시 뉴스 24

디지털 영지주의 27

니체의 춤 30

춤 없이 보내는 하루 35

니체를 위하여 37

상처와 애무   상처 41

정신의 눈 42

노란 재킷 47

하버마스의 응시 48

슬픈 얼굴의 기사 53

애무 56

세계의 살 59

상처의 기억 63

쓰는 자 누구인가   이몽룡의 글쓰기 69

소크라테스의 동문서답 73

꼬맹이 철학자 75

송나라 선생 77

상처의 글쓰기 80

술주정뱅이와 가로등   공간과 장소 85

사이 87

열쇠 찾기 91

바로크 94

사이와 연대 95

동무 연대 97

다중 연대 99

새로운 지리학 104

애무와 헛손질   사실의 신화 109

문법 110

이웃 113

무늬 짜기 116

화해 119

아름다운 무늬 122

죽은 나무 꽃피우기   죽은 나무 127

자전거 130

17세기 유럽 지도 135

불타는 집 142

영화와 혁명 147

멋진 이야기   계몽   151

선동   154

녹색 환상   157

이야기꾼   160

시애틀과 땅의 서사   164

카뮈와 바다의 서사   166

이야기 짓기   170

놀고 있는 인간, 홍상수   판   175

홈   177

유목하기   187

어느 개죽음, 한심한   카프카와 두 개의 손   205

잘 사는 삶, 잘 죽는 죽음   208

에피쿠로스의 퍼포먼스   209

몽테뉴의 투시점   213

세상 사람   219

이반 일리이치   222

능력으로서의 죽음   226

수수께끼   229

주석 모음   233

찾아보기   251

'영혼과 가슴의 인문학'을 기다리며

인문학의 시절은 늘 하수상했다. 세상사가 잘 풀릴 때는 항상 뒷전이었고, 세월이 척박해질 때는 언제나 오용되었다. 그래서 위기의 담론이 휩쓸고 지나간 자리에 무슨 악순환처럼 담론의 위기가 들어서곤 했다. 어째서 인문학은 시나브로 과잉과 결핍의 운명에 내몰려야 하는가. 사고파는 상품으로 간주되는 탓이다.

사랑조차 시장을 버텨내지 못하게 될 미래에 대해 막스 베버가 한 세기나 앞서 그려놓은 그림은 우울하다. 가슴 없는 전문가와 영혼 없는 향락자가 판치는 세상이다. 상처 입은 내 자아가 마침내 기착할 항구는 어디에 있는가.

하지만 아직은 표류와 방황의 긴 시간이 더 필요하리라. 서둘러 웰빙과 힐링을 외치며 한 말씀의 최종어휘들로 상황을 마감할 때가 아니다. 지금은 더 고단하고, 더 지치고, 더 아파하며 상처에의 용기를 보다 명증하게 추슬러야 할 시절이다. 삶이란 마지막 순간에서조차 늘 새롭게 떠나야 할 길 앞에 서야하는 여정이니까.

이런저런 기회에 내 원고를 읽어준 김영민 선생, 배철영 선생, 박동섭 선생, 장현정 선생, 그리고 내 언어를 환대해준 출판사 다음생각의 곽유찬 본부장, 심경보 편집장께 감사의 마음을 전한다.

2014. 가을 저자

일 러 두 기

- 영화, 그림, 시(詩)는 ⟨ ⟩
- 책, 매거진은 『 』
- 책 속의 소제목, 매거진의 기사 등은 「 」
- 나머지는 상황에 따라 ⟨ ⟩, ( )를 혼용하였습니다.

매체 노예

얼굴 이미지에서 땀을 걷어내는 일이 가능한가.

디지털 기기 위의 분주한 손놀림에서

춤의 리듬을 끌어내는 일이 가능할까.

심부름꾼

제인 캠피온의 감동적인 영화 《피아노》에서 모든 상황을 바꿔놓은 것은 천진한 어린 딸의 불충한 심부름이었다. 속악한 남편 스튜어트에 의해 외출을 금지당한 주인공 에이다가 피아노 건반 하나를 떼어내서 사랑하는 정부 베인즈에게 전해주고 싶어 한다. 그 일을 딸 플로라에게 심부름시켰던 것이다. 하지만 심부름꾼 플로라가 궤도를 이탈한다. 전달 회로를 에이다에서 베인즈에게가 아니라 에이다에서 의부 스튜어트에게로 제멋대로 바꿔버린 것이다. 이성을 잃은 광분상태로 에이다에게 달려온 스튜어트는 피아노 연주자 에이다의 손가락을 도끼로 내려찍는다.

심부름은 대개 특정한 실행 회로와 함께 주어진다. 우리가 심부름꾼보다 전달과 경로에 더 주목하게 되는 것은 이 때문이다. 완벽하게 이뤄진 심부름일수록 심부름꾼은 회로 속에 더 깊숙이 은폐된다. 심부름에 문제가 생겼을 때, 그때 비로소 심부름꾼은 사건의 기표로서 전면에 부상한다. 누구야?

플로라. 전달 회로의 일탈로써 결국 각자의 욕망과 통속한 일상 속에 지리멸렬하게 흩어진 채 은폐되어온 기만과 음모들을 일약 투명한 풍경 속에 집약시키게 만드는 이 심부름꾼은 심오한 전략을 꾸미기에는 너무 어린 꼬마다.

하이데거는 『존재와 시간』에서 도구의 존재 성격에 대해 흥미롭게 언급하고 있다. "더 이상 사용할 수 없다는 사실이 밝혀졌을 때 오히려 도구는 주목받는다. 이런 사실이 도구를 어떤 사용불능성 안에서 현저히 드러나게 해주는 것이다." 가령 자루가 빠졌을 때나 망치 머리가 깨졌을 때 비로소 우리는 망치를 주목한다. 정상적인 망치질이 이뤄지는 순간이야말로 망치가 완벽하게 망각되는 순간이다.

충실한 심부름꾼은 망각된다. 심부름이 궤도를 이탈할 때, 그때 비로소 심부름꾼은 망각에서 빠져나와 그 자체로서 주목된다. 그러나 이렇게 주목된 심부름꾼은 어떤 이유로든 더 이상 충직한 심부름꾼이 아니다. 심부름과 심부름꾼은 이처럼 본질적인 모순관계에 있다.

셰익스피어의 작품 『오셀로』의 주제는 질투가 아니라 심부름이다. 데스데모나를 오해한 오셀로의 질투는 지극히 정상적이고 건강한 것이었다. 그 정상적 질투를 '죽음에 이르는 병'적 질투로 바꿔놓은 게 오셀로의 교활한 심부름꾼 이야고였다. 남편을 사랑하는 데스데모나, 아내를 사랑하는 오셀로, 그리고 부관의 임무를 충실히 수행하는 캐시오 모두 나무랄 데 없는 인물들이었다. 다만 오셀로의 심부름꾼 이야고만이 오셀로-데스데모나, 데스데모나-캐시오, 오셀로-캐시오로 이어지는 심부름의 회로를 교란시키면서 사악한 음모를 꾸민다. 마음만 먹는다면 심부름꾼은 이쪽과 저쪽의 이어진 관계를 끊어놓을 수 있고 끊어진 관계를 이어줄 수도 있다. 철부지 플로라까지 포함하여 세상의 모든 심부름꾼은 이런 권력의 소유자들이다. 물론 그 힘은 양쪽을 다 안다는 것, 그것으로써 양쪽에 다 영향을 줄 수 있다는 사실에서 오는 것이다. 이야고는 이 특권에서 물러서지 않는다. 작업 대상으로 데스데모나의 손수건을 선택했다는 것은 이야고가 이 권력을 유감없이 발휘하고 있다는 증거다. 오셀로를 광적인 질투의 불길 속으로 밀어 넣은 캐시오에게서 발견된 데스데모나의 손수건. 심부름이 사라지면 심부름꾼은 주목된다. 이런 상황이 때로 어떤 참혹한 비극을 낳게 되는지 셰익스피어는 이 작품에서 놀라운 혜안으로 통찰해내고 있다.

우리 시대에도 만인으로부터 주목받는 심부름꾼이 있다. 놀랍게도 이 심부름꾼의 이름은 '심부름꾼Medium'이다. 이 동어반복적 호칭이 함축하는 심오한 뜻은 그 역할에서 호명의 고유명사가 파생할 만큼 심부름꾼이 비상하게 권력화되었다는 사실이다. 미디어는 라틴어로 심부름꾼을 뜻하는 'Medius'에서 유래한다. 원래 메디우스는 신과 인간 사이의 심부름꾼을 일컫는 일반 호칭이었으나 인간 사회의 심부름꾼에게도 전용되었다. 하지만 메디우스 혹은 메디움이 단지 심부름에만 충실했다면 이 이름은 인류사에서 이미 오래전에 망각되었을 것이다. 그러나 지금 미디어는 주목받고 있다. 어째서 이런 일이 벌어졌는가.

노예

틈. 헤겔의 저 유명한 '지배와 예속의 변증법'은 위신투쟁에서 생겨나는 이 장소를 주목하는 데서 출발한다. 비어있는 공간으로서 틈은 존재하는 것, 충만한 것들의 초월적 조건이다. 헤겔은 이 틈을 '노예의 장소Platz des Knecht'라고 부른다.

헤겔에 따르면 위신투쟁, 승인투쟁으로 맞선 두 자립적 의식은 목숨을 건 치열한 싸움을 벌인다. 그러다가 마침내 자유를 위해 목숨을 건 의식은 승자로서 주인이 되고, 목숨을 위해 자유를 포기한 의식은 패자로 노예가 된다. 주인 앞에 무릎을 꿇는 순간 노예는 주인과 사물 사이 그 틈에 내몰린다. 헤겔은 이 상황을 이렇게 요약한다. "사물과 자신의 틈에 노예를 밀어 넣게 되는 주인은 사물의 비자립성과 결부됨으로써 그 사물을 순전히 향락할 수 있게 된다." [1]

여기서 사물의 자립성은 그 자연 상태를 뜻하고 비자립성은 주인의 욕구와 명령에 따라 변형, 변질된 사물의 가공상태를 뜻한다. 주인의 향락은 사물의 비자립성, 즉 노예의 노동으로 이뤄진 사물의 이런 가공상태를 소비하고 즐기는 데서 성취된다. 자립적 사물은 가령 거친 황야, 파도치는 해변, 외외히 솟은 산 등 자연 자체와 같은 것이다. 주인은 자신의 향락을 위해 이런 자립적 사물들이 비자립적 인공물로의 변형되기를 욕망한다. 물론 그러한 변형을 이뤄내는 일 즉 힘겨운 노동은 노예의 몫이다. 주인은 향락을 위해, 노예는 주인의 향락을 위해 존재한다.

자신과 사물 그 '틈'에 노예를 끼워 넣는 것, 이것이 향락을 위해 주인이 하는 일의 전부다. 그다음에는 오직 '만들어내라'는 정언 명령만으로 족한 것이다. '만들어낸다'는 것은 헤겔의 어법으로 하자면 자립적 사물을 비자립적 사물로 옮겨놓는다는 것을 뜻한다. 향락은 후자를 소비하는 데서 비롯된다. 요컨대 욕망의 실현을 위해 주인이 몸소 자립적 사물들의 거친 표면, 날카로운 모서리, 삐쭉삐쭉 삐져나온 예리한 단층들과 마주칠 필요는 없다. 그런 일은 노예에게 떠넘겨진 일들로 노예는 자신의 육체로 이 모든 것들과 마주쳐서 '만들어내라'는 주인의 명령을 집행한다.

노예의 위치는 주인과 사물의 '틈'이다. 노예는 칼과 채찍을 들고 명령하는 주인과 날카롭고 거친 표면으로 압박해오는 사물 사이에 끼어있다. 처음에는 양쪽에서 조여오는 힘 사이에서 압착 당하지만, 서서히 그 틈 안에서 유연하게 운신하는 요령을 터득하기 시작한다. 주인의 욕망을 사물에 투사시키고, 사물의 저항을 주인에게로 피드백시키면서 점차 노예는 자신의 입지를 넓혀가는 것이다.

주인은 사물과 직접 마주치지 않는다. 예리하게 찔러오는 사물의 뾰족뾰족한 표층들을 모두 노예의 여린 육체로 완충시킨 채 순수한 향락에 빠져들 뿐이다. 노예는 표층들의 송곳 같은 돌출에 찔리고 찍히지만, 그 사물의 단층, 굴곡, 주름들을 자신의 살갗으로 훑어내게 되면서 사물들을 온몸으로 익히고 그 켜, 결에 거스르지 않고 처신하는 비결을 터득한다. 그러다가 마침내 그것들을 변화, 개조하여 주인의 욕망에 복종하는 비자립적 존재로 탈바꿈시키기에 이르는 것이다. 한편 노예는 또 마지막까지 제거할 수 없는 사물의 형식을 주인에게 매개시키고 그 조건에 마침내 길들여지도록 함으로써 주인의 자립성을 무력화시킨다. "이렇게 함으로써 노예는 마침내 자립적 존재가 다름아닌 바로 자기 자신임을 꿰뚫어보는 데에까지 이르게된다."[2] 그러나 사물로부터 영영 멀어져 낯설어져 버린 주인은 노예 없이는 한순간도 살아갈 수 없는 처지로 전락한다. 그의 목숨은 노예 손에 달리게 되는 것이다. 이렇게 해서 결국 노예는 주인의 주인이 되고 주인은 노예의 노예로 전락하고 만다.[3] 이것이 헤겔이 말하는 '주인과 노예의 변증법'이다. 그러나 노예가 주인과 사물을 동시에 제압하게 되면서 마침내 메타 권력으로 등극하게 되는 이 상황이 당장 계급의 전복이나 해체로 귀결되는 것은 아니다. 주인은 여전히 주인이고 노예는 여전히 노예다.

매체

계급질서에는 변화가 없으면서 역할만 전복된다는 사실은 상황을 더 어렵고 복잡하게 만들어놓는다. 주인은 여전히 명령하고 노예 또한 여전히 복종한다. 그러나 주인의 명령은 복종에 대한 복종이고, 노예의 복종은 명령에 대한 명령이다. 특히 주인의 향락은 이제 노예에 의한 강제 향락으로 내몰린다.

애초부터 주인의 명령은 언제나 포괄적이고 추상적이었다. 이를테면 이런 식이다. '빵을 만들어오라.' 물론 밀가루를 구하고 팥과 효모를 마련하고 가마와 빵틀을 만들어서 주인이 원하는 빵을 만들어내는 모든 과정은 처음부터 노예가 원하는 바가 아니었다는 점에서 강제 노동이다. 그러나 주인의 명령과 향락은 쳇바퀴를 도는 데 반해 노예의 복종과 노동은 진화한다. 요컨대 밀가루 반죽, 팥 앙금, 효모 누룩, 가마솥, 빵틀, 가열 등 제빵의 모든 과정에서 격물의 지혜를 터득한 노예는 주인의 욕망을 점점 자신의 의지로 대체시켜나간다. 이 과정에서 강제 노동은 창조적 노동으로 바뀐다.

어느 시점부터 빵은 노예의 창조물로 태어나고, 이 창조물을 소비하면서 주인의 존재는 노예의 의지에 의해 조율되어간다. 요컨대 주인은 노예에 길들여지게 되는 것이다. 이전에 주인이 밀과 팥, 누룩과 가마를 모르지 않았다. 그러나 이제 사물의 존재는 주인의 기억 속에서 흔적없이 지워진다. 오직 명령할 노예가 있을 뿐이다. 노예의 노동이 창조적인 것으로 진화하면 주인의 향락은 강제 향락으로 떨어질 수밖에 없다. 요컨대 '빵을 만들어오라'는 주인의 명령은 '이 빵을 먹어라'라는 노예의 복종에 복종해야 한다.

결국 노예의 위치, 주인과 사물 사이, 이 공간이야말로 사물과 주인에게서 자립성을 동시에 지속적으로 탈취할 수 있는 조건이라는 사실이 밝혀진다. 이렇게 해서 앞의 인용 "이제 사물과 자신의 틈에 노예를 밀어 넣게 되는 주인은 사물의 비자립성과 결부됨으로써 그 사물을 순전히 향락할 수 있게 된다."는 이렇게 바뀌게 된다. "이제 사물과 주인의 틈에 자신을 밀어 넣게 되는 심부름꾼은 사물과 주인의 자립성을 지속적으로 탈취함으로써 양자를 순전한 향락 속에 머무르게 한다."

사물이 주인에게로 향하든, 주인이 사물에게로 향하든 그 어느 경우든 이 심부름꾼을 경유하지 않으면 안 된다. 그리고 주인을 알고 사물을 아는 이 심부름꾼은 언제든지 마음만 먹는다면 '데스데모나의 손수건'같은 것을 활용할 수 있다. 이 심부름꾼의 이름이 '심부름꾼Media' 곧 매체다. 요컨대 매체는 주인과 사물 사이에 위치한 노예의 다른 이름에 지나지 않는다. 이 노예 노동이 진화해온 역사는 '심부름꾼에서 디지털 매체까지'라는 문장으로 요약된다. 사물과 주인 양자를 제압한 창조적 노동의 주체, 이 주인의 주인이 어떤 권력의 소유자인가는 그 이름을 인구에 회자시킨 역저 『미디어의 이해』에서 맥루언이 제시한 명제 '매체는 메시지다'의 뜻을 확인하는 것으로 족할 것이다.

이 심부름꾼에게 자립성을 빼앗긴 사물, 매체를 통과한 사물은 모두 가상으로 변한다. 이런 식으로 실재성이 탈락해버린 가상을 보드리야르는 시뮬라크르라고 불렀다. 심부름꾼의 해석과 연출은 실재의 자립성을 가차 없이 박탈해버린다.

모든 납치들, 비행기 납치 등은 어떤 점에서 그것들이 미리 매체들의 의례적인 해석과 합주속에 포착되어있고, 그들의 연출과 가능한 결과들 속에서 예상되어있다는 의미에서, 시뮬라크르로서의 납치다. 간단히 말해서 거기서 납치는 전혀 '실제적'인 목적이 아니라 오직 기호로서 다시 발생되는 것을 목적으로 한 기호들의 총체로서 작용한다. [4]

보드리야르에 따르면 매체에 의해 기호화, 가상화 되어버린 시뮬라크르는 실재성이 없는 게 아니라 다른 실재성을 가진다. 진짜보다 더 진짜 같은 가짜의 실재성 곧 하이퍼 리얼리티다. 특히 디지털 영상매체의 다양한 기술적 성취에 의한 하이퍼 리얼리티에 길들여지기 시작하면 우리는 이제 사물에의 소통 채널로부터 서서히 멀어져가는 주인의 처지에 내몰리게 된다. 인간은 명령하고 향락하고 매체는 복종하고 노동한다. 그러나 어느 시점에서 인간은 매체에 의한 강제 향락에 내몰리고 매체는 데스데모나의 손수건을 흔드는 권력 실체로 등장한다.

유사 진리, 픕진성, 하이퍼 리얼리티 등은 매체가 우리 입에 떠먹여 주는 강제 향락의 대표 메뉴들이다. 이런 향락에 깊숙이 빠져들면 경험적 현실에서조차 가상과 실재는 자리를 바꾸게 된다. 가상이 실재 같고 실재는 가상 같다. 슬라보예 지젝도 지적했듯이 매체에 의한 "이런 가상화의 과정 끝에 일어나는 사태는 우리가 진짜 실재real reality 그 자체를 가상적 사물virtual entity로서 경험하기 시작한다는 것이다."[5]

2002년 뉴욕 맨해튼에서 있었던 테러 사건 때 세계무역기구 쌍둥이 건물이 무너져 내리는 매체보도에 접한 지구촌 시민들이 한결같이 보였던 반응은 '마치 할리우드 영화의 한 장면 같다는 것'이었다. 이 사실이 환기시키는 메시지는 '영화가 현실을 모방하는 게 아니라 현실이 영화를 모방한다'는 것이다.

지젝에 따르면 미국의 쌍둥이 빌딩 붕괴사건을 보는 시청자들이 경험했던 것은 현실의 스펙터클한 가상화다. 하지만 이것은 단지 현실이 이미지로, 생활세계가 할리우드로 변한다는 것이 아니라 거꾸로 이미지가 우리의 현실 세계를, 판타지가 우리 삶을 간섭하고 있다는 증거라고 주장한다.

이 사건에서 중요한 것은 이 화면에 나타난 환상적인 유령의 이미지가 우리의 현실 안으로 들어왔다는 그 사실이다. 거기서 결코 현실이 우리의 이미지로 들어온 것이 아니다. 오히려 이미지가 우리의 현실(즉 우리가 현실로 경험하는 것을 규정하는 상징적 동격자)로 들어와서 우리의 현실을 박살 낸 것이다.[6]

요컨대 가상이 먼저 현실을 침탈한 것이고 그렇게 침탈된 현실을 시청자들은 다시 가상으로 경험하고 있을 뿐이라는 것이다. 가상에서 현실로 현실에서 다시 가상으로, 이 매개과정의 중심에 매체가 있다.

가상들

태어나서 철이 들기도 전에 마우스 조작으로 모니터 안에 전개되는 사이버 공간의 이미지들에 길들여지는 꼬마 아이가 느끼는 곤란은 실재와 가상의 혼동이 아니다. 날것으로 주어지는 현실의 거친 표면에 직접 닿아야 하는 체험의 낯섦이다. 그래서 꼬마에게는 완강한 몸짓으로 저항하는 현실의 날카로운 표층들을 스펀지처럼 완충시켜줄 노예가 필요한 것이다. 노예는 언제나 대기 상태에 있다. 부르면 곧장 달려와서 그 돌출된 표층 위로 자신의 몸을 눕힌다. 꼬마는 부드러운 육체의 쿠션을 즐기며 밟고 건넌다. 이것을 위해 꼬마가 해야 하는 일은 너무도 단순한 일, 명령하는 것이다. 곧 컴퓨터 스위치를 켜고 손에 쥔 마우스를 클릭하는 것.

매체 노예들이 제공해주는 가상 세계는 이미 우리 삶 깊숙이 들어와 있고, 마우스 클릭만으로 마술처럼 펼쳐질 순간을 기다리고 있다. 세컨드라이프가 사이버 세계를 휩쓸었고 카톡, 밴드 등이 인기를 끌고 있는 이유는 이 소통세계에서 구현되는 어떤 향락 때문일 것이다. 버전업된 카톡, 밴드 프로그램으로 가입자들은 꿈들끼리의 소통만이 아니라 아바타로서 서로 만나고 사랑하고 다투고 헤어지는 사이버상에서 또 하나의 인격적 개인사를 구성할 수 있다는 매력에 빠져들었다.

가령 사이버 커뮤니티 '세컨드 라이프'는 바로 이런 환상 또는 욕망의 수요에 부응하기 위해 탄생한 것이다. 한때 세계 네티즌들 사이에서 열병처럼 번져나갔던 이 사이버 커뮤니티에 가입한 멤버는 두 개의 세상을 동시에 살아가게 된다. 하나는 육체로 살아가는 현실 세계이고 다른 하나는 캐릭터로 살아가는 사이버상의 가상세계다. 그 곳에서도 교육받고 취직하여 월급을 받고 그 돈을 모아 물건을 사고 또 부동산 분양도 받고, 결혼하여 아이를 낳고, 파티를 열고, 여행도 떠난다. 상품 가격의 변동 폭이 지나치게 커질 조짐이 보이면 중앙은 행이 유통 화폐인 린덴 달러의 공급과 회수를 통해 조절한다. 또 하 나의 삶이 이뤄지는 완벽한 매트릭스다.

세컨드 라이프도 이제는 이미 고전이다. 지금은 다감각, 삼차원 환 경에서 사용자가 아바타를 통해 사회적 현전 혹은 실존을 구현할 뿐 아니라 심지어 현실 세계와도 소통하는 등 멀티 유니버스를 구현하 는 수준까지 진화해가고 있다. 이런 사이버 세계의 시민들에게 존재 의 리얼리티는 공간과 육체를 통해서가 아니라 시각과 뇌를 통해 주 입된다. 가상현실이 이런 속도로 진화를 거듭한다면, 워쇼스키 형제 의 상상력에서 태어난 《매트릭스》가 현실 세계에서 구현될 날도 멀지 않을 것 같다. 다른 것은 몰라도 향락마저 프로그램화된다는 것은 슬픈 일이다. 배신자 사이퍼가 지도자 모피어스를 넘겨주기 위해 한 고급 레스토랑에서 스미스 요원을 만난다. 주문한 스테이크의 황홀 한 맛을 음미한 뒤 사이퍼는 이렇게 말한다. "난 이 스테이크가 존재 하지 않는다는 걸 알아. 내가 이걸 입속에 넣으면 매트릭스가 내 뇌 에 이런 정보를 전달해주고 있다는 것을. 아, 이 맛은 너무도 부드럽 고 감미롭다고…."

손끝의 마우스로 조작되는 사이버 세계에서 영상세대는 각자 일 종의 작은 '그'(The One, 《매트릭스》에서의 구원자, 최고 존재자)처럼 행동할 것이다. 그러나 여기서 '그'는 이미 매체 논리에 의해 코드화되고, 가 상 현실의 회로 안에 영토화된 작은 아바타에 지나지 않는다. 결국 주인이란 하나의 환상, 기의 없는 공허한 기표일 뿐이다. 그럼에도 불구하고 마우스를 쥐고 있는 동안 노예의 노예라는 역할 전도는 완벽하게 은폐된다.

이 모든 혼란은 컴퓨터 스위치를 켜고 끄는 이 단순한 동작에서 시작된다. 내가 켜야 작동하고 내가 끄면 멈춘다는 사실은 얼핏 그 세계의 열림과 닫힘이 내 뜻에 달려있다는 환상을 심어준다. 그러나 사실은 컴퓨터를 켜야 하는 이유가 먼저 내 존재를 영토화시키고 있는 것이다. 처음에는 내가 컴퓨터를 켜고 껐으나 이제는 컴퓨터가 나를 켜고 끈다. 나는 늘 대기 상태에 있어야 한다. 언제 컴퓨터가 나를 소환할지 모르니까.

아홉 시 뉴스

가상이 현실이 되는 곳에서 현실은 가상이 된다. 2001년 칸 영화제 최우수 감독상을 받았던 에드워드 양의 영화 《하나 그리고 둘》의 주인공 NJ의 딸 칭칭은 자기 아파트로 돌아오다가 폴리스 라인으로 둘러쳐진, 핏자국이 있고 사람들이 웅성거리며 서 있는 현장을 우연히 지나치게 된다. 호기심에 멈춰 서서 사람들끼리 삼삼오오 모여 쑤군거리는 것을 경청해보기도 하지만 정확히 무슨 사건이 일어났는지 알지 못한다. 그러다가 저녁 뉴스 시간에 자신이 스친 그 공간이 바로 조금 전에 자신의 남자친구가 어떤 사람을 살해한 현장이라는 것을 알게 된다.

현장에 있다고 어떤 것을 현장감 있게 경험하는 것은 아니다. 마우스로 통제할 수 없는 오프라인 공간과 그곳에서의 체험들은 오히려 더 낯설고 불편하고 거북하기만 하다. 영상세대들에게 현장감이란 단지 가상현실에서 사운드와 조명, 그리고 멘트와 그래픽을 동원해서 만들어내는 많은 효과 중 하나일 뿐이다.

칭칭처럼 우리도 현장의 목격자일 때보다, 매체의 수신자일 때, 사건을 더 잘 이해하게 된다. 권위 있는 여론조사기관의 조사결과에 따르면 세상사에 대한 한국인들의 가장 신뢰할만한 체험, 인식, 판단의 표준 모델은 KBS TV 저녁 아홉 시 뉴스다. 여기서 잘 다듬어진 앵커의 멘트들, 눈으로 편하게 볼 수 있도록 편집된 이미지들이 그래픽들, 조명, 사운드 등으로 잘 버무려진 채 기승전결의 순서에 따라 논리적으로 장면화 되었을 때 사람들은 비로소 하나의 사건, 하나의 상황을 잘 이해했다는 확신을 갖게 된다. 이것은 대부분의 한국인들이 아홉 시 뉴스를 삶에 필요한 정보에서 뒤처지지 않기 위한 세계 경험의 창으로 받아들인다는 뜻이다. 결국 시청자들은 자신의 판단력을 믿기보다는 아홉 시 뉴스의 해석을 믿는다. 친절하고 믿음직스러운 이 대행자에게 모든 사리분별, 가치판단을 맡겨버리는 것이다. 이런 삶의 양식은 마침내 우리의 생활세계를 특정한 프레임으로 영토화시켜놓고말 것이다. 이렇게 되면 그 영토 안에 포획된 시민들의 경험의 감수성은 표준화되고 취향은 보편화되며 가치관은 일반화된다. 하이데거가 '평균인간'이라고 불렀던 '세상 사람das Man'은 이렇게 해서 탄생하게 되는 것이다. 분명 하이데거는 이것이 정확히 매체 즉 심부름꾼에 의해 통제되는 권력의 산물임을 꿰뚫어보고 있었다.

사람들이 다른 사람들에 대한 그 고유한 본질적 귀속성을 은폐하기 위해 그렇게 부르는 '타자들'은 일상적으로는 서로 함께 있음에서 우선 대개는 그저 '거기에 있는' 그런 사람들이다. 각각은 이 사람도, 저 사람도, 사람들 자체도, 소수도, 그 모든 총계도 아니다. 각각은 그저 중성적인 존재, 즉 세상 사람일 뿐이다Das Wer ist das Neutrum, das Man. 대중적 보도매체(신문)를 이용하면서 모든 타자들은 다른 타자들과 똑같아지는 것이다. 이런 상호존재가 저 고유한 현존재를 '타자들'의 존재방식으로 완전히 해체해버리는 탓에 타자들 상호 간의 차이성과 현저성도 완전히 사라져버리는 것이다. 이렇게 하여 평평해지고 미끈미끈해진 모습들에서 세상 사람은 자신의 고유한 독재를 행사한다. [7]

하이데거가 주목하지 못했던 영상 디지털 매체에서 세상 사람은 더 완강한 표준으로 동일화된다. 사태의 완급, 일의 우선순위, 중요성의 등급을 판정할 때 아홉 시 뉴스는 세상 사람을 모델로 친절하게 기준을 제시해주기 때문이다. 아홉 시 뉴스의 앵글은 우리의 앵글이고, 아홉 시 뉴스의 우선순위는 우리의 우선순위이며, 아홉 시 뉴스의 결론은 우리의 결론이다.

이렇게 하여 우리는 날것의 실재가 점점 더 감당할 수 없는 무엇으로 낯설어져가는 악순환 속으로 깊이 빠져든다. 오늘날 휴대폰의 음성통화나 메시지를 통한 소통양식이 보편화되는 이유 중 하나는 물론 거대 통신자본의 전략이 성공적으로 맞아떨어진 탓도 있지만 보다 더 근본적인 것은 실재에 대한 경험양식의 서투름일 것이다.

갑자기 주어진 날것의 현실이 인식의 불편하기만한 질료로 받아들여지는 상황은 이미 칸트가 『순수이성비판』에서 충분히 환기시켰던 주제다. 가령 개념 없이 어떤 상황을 인식하고 이해해야 할 처지에 내몰린 주체를 상상해보라. 날것의 경험은 주관의 선천적 형식이 가동하기 전까지는 그저 '알 수 없는 그 무엇'일 뿐이다. [8] 그러나 문제는 미디어 심부름꾼이 마치 개념의 표준적 대행자처럼 자처해서 나선다는 데 있다.

디지털 영지주의

사이버 세계에서 아바타, 캐릭터, 아이콘 등에 집착하는 열정은 어떤 형태로든 탈육화의 열정과 연계되어있다. 지젝은 이런 열정을 '디지털 영지주의'라는 재치있는 용어로 개념화한다. 물론 디지털 영지주의자들이 육체성의 의미와 가치를 완전히 묵살하는 것은 아니다. 지젝이 '사이버 이성의 이율배반'으로서 언급하고 있듯이 "사이버 공간의 옹호자들조차 우리가 완전히 우리의 육체를 잊어서는 안 되며, 우리는 사이버 공간에 몰입해있다가도 섹스에서 조깅에 이르기까지 우리 육체의 밀도 높은 경험으로 규칙적으로 돌아가는 방식을 통해 실재 생활에 정박해야 한다." [9] 는 점을 지속적으로 우리에게 경고하고 있다.

문제는 그들이 여기서 말하는 실재 생활이나 육체의 밀도 높은 경험 등등이 가상현실에서 동일하게 구현되고 있는 '실재 생활'이나 '육체의 밀도 높은 경험' 등과 변별되는 어떤 메타 기준도 제시하지 않고 있다는 것이다.

사이버 공간의 궁극적 교훈은 보다 근본적인 것이다. 우리는 우리의 직접적인 물질적 육체를 떠날 뿐 아니라 그러한 육체는 아예 처음부터 없었으며, 우리의 육체적 자기 경험은 항상 이미 상상적으로 구성된 존재 경험에 지나지 않았다는 것을 깨우치는 것이다. [10]

하나의 세계관으로서 이런 주장에 동조하는 부류의 사람들을 지젝은 '디지털 영지주의자digital Gnostic'라고 부른다. [11] 기독교에서 이단으로 낙인찍힌 영지주의는 '세상을 염세적으로 바라보는 시각과 자아를 초월하려는 시도가 결합된 철학' [12] 에서 출발한다. 영지주의자들의 근본태도는 '악마는 유한하고 사악한 물질을 창조하였으며 선한 신은 아름답고 영원한 생명을 창조하였다'는 믿음으로 관통된다. 모든 인식과 가치 판단은 사악한 물질과 선한 영혼의 이원론적 대립 구도에서 파생되어 나온다. 요컨대 영혼의 구원이란 악마들에 의해 창조된 이 물질 세계를 초월하는 것이다. 영지주의의 특성 중 하나는 그러한 구원이 신앙이나 희생, 속죄 등이 아니라 진정하고 신성한 지식의 획득을 통해 이뤄진다고 주장하는 데 있다.

이런 입장에 서는 영지주의는 두 가지 논거에서 플라톤주의와 겹쳐진다. 첫째, 양자는 이 지상 세계에 대한 경멸에서부터 염세적 세계관을 연역 해낸다. 지상 세계의 모든 것, 요컨대 대지와 사물에 대한 양자의 시각은 대동소이하다. 다만 전자가 윤리 종교적 관점에서 가치론적으로 접근한다면 후자는 철학적 관점에서 인식론적으로 접근한다는 데에 차이를 보일 뿐이다. 전자에게 악evil인 것이 후자에게는 위false인 것이다.

둘째, 육체에서 벗어나는 것을 생의 목표로 설정한다는 점에서 양자는 완벽하게 일치한다. 지젝이 주목했던 대로 탈육화와 영적 세계로의 초월은 영지주의의 일관된 목표다. 지상에서의 인식은 이 목표에 접근해가도록 우리를 끌어주는 만큼만 진리인 것으로 승인된다. 플라톤주의는 이런 목표가 인간에게 유일하게 진실하다는 것을 보다 정교하게 논증해 보인다. 『플라톤의 대화편』「파이돈」에서 소크라테스가 심미아스, 케베스 등을 상대로 설득시키려고 했던 것이 바로 이 점이다. "지혜를 사랑하는 자들(철학자들)이 욕망하는 삶은 사실상 죽음이다." [13]

그렇다면 소크라테스 자신이 개인사에서 비할 수 없이 치밀한 성찰적 숙고를 통해 위의 명제를 실천했고, 또한 그 실천 과정을 직접 보여주었던 죽음이란 무엇인가. 대화 중에 소크라테스는 난데없이 심미아스에게 이렇게 묻는다. "죽음과 같은 그런 것이 있다고 우리는 믿는가?" 심미아스가 물론 그렇다고 답하자, 소크라테스는 에피쿠로스를 앞질러 '죽음은 없다'는 유명론적 논리nominalistic logic를 전개하면서 이렇게 주장한다.

> 죽음이란 단지 영혼과 육체의 분리the separation of soul and body가 아닌가? 죽는다는 것은 이 분리를 완성하는 것이네. 영혼이 육체를 벗어나서 홀로 남는 것, 그리고 육체가 영혼에서 벗어나는 것, 소위 죽음이라는 게 이런 게 아니라면 무엇이겠는가. [14]

소크라테스는 여기서 영지주의자들이 신앙의 실천적 행위를 통해 보여주는 것을 변증법적 대화를 통해 논변하고 있는 것이다. 이러한 사실을 인정한다면 우리는 영지주의가 단순한 이단 신앙의 세계관이 아니라 보다 진지한 '철학적 세계관의 한 형태' [15] 라는 한스 요나스의 견해에도 동의해야 한다.

지젝이 디지털 영지주의를 끌어들이는 것은 탈물질화를 완벽하게 성취하면서도 하나의 세계를 온전히 구축하는 사이버 세계의 특성에 주목했기 때문일 것이다. 어쨌든 사이버 세계는 물질세계 너머에서 전개되는 또 다른 세계이고, 그 세계의 존재조건은 사이버 세계의 신성한 지식인 기능적 정보를 소유하는 것이다. 우리는 순전한 사이버 세계인 매트릭스의 창조에서 탈육화와 물질세계로부터의 초월을 꿈꾸는 디지털 영지주의자들의 이상을 확인해볼 수 있다.

우리가 디지털 영지주의에 주목하는 것은 이것이 우리가 앞서 다뤘던 노예 매체가 꿈꾸는 매체 권력의 세계 이상과 완벽하게 맞아떨어지기 때문이다. 주인과 노예의 관계가 변증법으로 지양된 이후에도 여전히 노예가 노예이듯이 매체와 대중의 관계가 전도된 이후에도 매체는 여전히 매체다. 매체 권력이 진정한 권력주체로 등극하는 일이 합법적으로 가능한 것은 매체가 창안하는 그 세계 안에서일 것이다. 디지털 영지주의자들은 매체 노예가 이 새로운 세계 안에서 열렬한 환영으로 맞아들인 새로운 시민, 새로운 대중이 아니겠는가.

니체의 춤

니체의 『차라투스트라는 이렇게 말했다』 2부를 구성하고 있는 한 장의 제목은 「춤노래」다. 니체는 이 부분이 미진하다고 느꼈는지, 다시 3부에서 「다른 춤노래」라는 새로운 장을 첨가한다. 그러나 니체의 춤 담론은 두 장에 국한되어있지 않다. 춤을 예찬하고, 춤추라고 부추기고 선동하는 말들은 이 책 곳곳에 흩어져있다.[16] 더구나 그런 말들에서 더러 귀기 서린 신이한 통찰을 드러내는 대목, 가령 "춤추는 자는 귀가 그 발가락 끝에 달려있다."[17] 같은 언급들에 이르면 우리는 이 책의 제목을 차라리 『차라투스트라는 이렇게 춤췄다』로 바꾸고 싶은 충동을 느낀다.

차라투스트라가 초원에서 춤추는 소녀들을 만난 것은 제자들과 숲 속을 걷다가 목말라 샘물을 찾고 있을 때였다. 소녀들이 차라투스트라 일행을 보는 순간 갑자기 저희끼리 신 나게 추던 춤을 멈추자, 차라투스트라는 제자들과의 숲 속 산책도 단념한 채 소녀들에게 다가가서 다정한 목소리로 호소한다. "춤추기를 중단하지 마라, 귀여운 소녀들이여!" 춤추기를 중단하지 말라. 차라투스트라가 소녀들에게 했던 이 말은 니체가 모든 저술을 통해 인류에게 전하고 있는 핵심 메시지다.

니체에게 춤이란 정신이 대지를 만나 육체로 탄생하는 축복을 의미한다. 춤을 추게 되면서 인간은 정신에서 육체로 이동해갈 수 있게 된다. 춤추기 이전에 소녀들은 그저 하나의 몸짓에 지나지 않았다. 춤을 추기 시작하면서 그 몸짓은 소녀로 탄생하는 것이다. 스텝을 밟기 전에 그것은 단지 하나의 기관에 불과했다. 춤을 추기 시작하면서 그것은 아름다운 발목으로 태어나는 것이다. 결국 춤추기 시작하면서 저 불투명한 영혼들은 비로소 '아름다운 발목의 소녀'[18] 들로 태어났던 것이다. 추상적 인간 또한 춤과 함께 육체의 주체로 탄생한다. 니체는 심지어 이것이 인간 정신에만 해당되는 게 아니라고 주장하며 우리는 "최악의 사물조차도 춤추는 좋은 다리를 갖고 있다는 지혜"[19] 를 배워야 한다고 다그친다.

춤을 통해 태어나는 육체의 특징은 세 가지로 요약된다. 그것은 가벼운 것이고, 생성하는 시간 지평에 놓이는 것이며, 대지와 긴밀하게 연계하는 것이다. 이 특징들은 왜 노예 매체와 디지털 영지주의가 합작하는 탈대지화, 탈육체화의 음모를 폭로시키는 데에 니체의 통찰이 필요한지를 깨닫게 해준다. 니체의 춤은 매체가 장악한 대중적 공론 세계, 디지털 영지주의가 추구하는 가상의 사이버 세계를 횡단선으로 가로지르며 삶, 대지, 실존, 주체들을 우리의 생활 세계 안에 복원시켜줄 수 있는 맥락들을 환기시켜준다.

나는 다음에서 니체의 춤추는 몸의 이러한 특성들이 어떻게 이 디지털 시대의 위기에 내몰린 생활 세계적 주체성을 회복하는 대안일 수 있는지 짧게 살펴보겠다.

첫째, 춤추는 육체는 참을 수 없을 만큼 가벼운 것이다. 이것이 악마와 대비될 수 있는 이유는 그 가벼움 때문이다. 니체에 따르면 악마는 무거운 자, 혹은 그 무거운 자의 정신Geist der Schwere이다. 무거운 정신의 특징은 '춤추는 법을 알지 못한다.'[20] 는 것이다. 니체는 "이런 자들에게 어떻게 대지인들 가벼울 수 있겠는가."[21] 라고 반문한다.

뜨거운 매체와 차가운 매체를 구분한 맥루언의 척도는 낡은 것이다. 디지털 시대의 매체는 온도의 척도로 보면 차이가 없다. 이제 매체는 무겁거나 가벼울 수 있을 뿐이다. 니체의 관점에서 보자면 디지털 매체는 예외 없이 무겁다. 그것은 악마처럼 춤 출줄 모르고 웃을 줄 모르기 때문이다. 디지털 연산방식에 따른 코드화와 탈코드화 과정에는 착오 없이 재고, 달고, 평가해서 값을 매긴다. 아날로그와 같은 애매성, 모호성을 용납하지 않는 디지털의 연산과정은 그 극한의 엄밀성으로 인해 악마적으로 무거운 것이다. 가벼워질 수 있는 방법은 하나뿐이다. 춤추기로서 몸을 되찾고 몸이 망라하는 싱그러운 디오니소스적 혼란을 되찾아야 한다.

둘째, 이 새로운 육체는 예외 없이 역동적인 생성의 시간 맥락 위에 놓인다. 춤의 축제가 끝나고 소녀들이 흩어져 가버린 숲을 차라투스트라는 이렇게 말한다. "초원은 축축하고, 숲으로부터는 냉기가 밀려오고 있구나. (…) 아직 살아 있는 것은 어리석은 일이 아닌가? (…) 용서해다오, 나의 슬픔을! 저녁이 되었다. (…) 용서해다오, 저녁이 된 것을!"[22] 춤이 사라진 대지의 시간은 태양이 저버린 슬픈 저녁이다. 빛이 사라진 어둠은 생성이나 실존을 위한 시간이 아니라 추억 혹은 꿈을 위한 시간이다. 그러나 춤추는 육체는 다른 시간을 요청한다. 오늘, 지금이다. "오 내 영혼이여, 나는 너에게 '일찍이Einst', '옛날에Ehemals'처럼 '오늘Heute'을 말하는 법을 가르쳤으며, 모든 '이곳Hier'과 '거기Da'와 '저곳Dort'을 넘어서서 무리지어 춤추는 법을 가르쳤다."[23]

디지털 영지주의의 비전은 종말론적이다. 그것은 존재하는 모든 것들을 디지털화하는 종국상태를 지향한다. 탈육화가 요청되는 것도 이 때문이다. 땀 흘리고, 휴대 불가능하고, 기후조건에 민감하게 반응하는 육체란 단지 정신의 거추장스러운 잉여에 지나지 않는다. 코드화에 저항하는 부분 육체들은 모두 잘라내야 한다. 그리고 모든 것은 범 디지털화라는 종국 상태의 관점에서 평가되어야 한다. 재방송에서처럼 마지막 장면이 폭로된 뒤에 전개되는 모든 순차적 장면들은 오직 회상의 시간 지평 위에만 놓인다. 어떤 장면도 예측 불허의 가능성 속에 개방되는 생성의 역동성을 띄지 못한다.

니체의 춤에서 내딛는 스텝의 발자국은 매 순간 새로운 시간 지평을 열어 보인다. 이른바 생성의 시간 지평이다. 이곳, 거기, 저곳, 일찍

이, 옛날에, 오늘. (…) 모든 시간과 공간이 생성의 시간 속에 모였다가 흩어져간다. 디지털에 의해 몰수된 시간을 되찾으려면 우선 무리 지어 춤추는 법을 다시 배워야 한다.

셋째, 춤추는 육체의 구체성은 오직 대지Erde 위의 삶에서 확보된다는 사실을 주목해야 한다. 삶이 망각되면 춤추는 육체도 망각된다. 니체는 『차라투스트라는 이렇게 말했다』의 3부 한 장 「또 다른 춤노래」에서 춤과 삶의 관계를 유혹자와 여인의 관계로 비유하여 신비스러우리만큼 아름다운 언어로 표현하고 있다. "그대가 가까이 있으면 나는 그대를 두려워하고, 그대가 멀리 있으면 나는 그대를 사랑한다. 그대가 도망치면 나는 좇아가고, 그대가 나를 찾으면 나는 숨어버린다—나는 괴로워하고 있다. 그러나 그대를 위해 내가 무엇인들 기꺼이 참아내지 않겠는가." [24] 어쨌든 분명한 것은 춤 없이 삶 없고, 삶 없이 춤 없다는 것이다. 서로가 서로를 함축하는 이 긴밀한 관계가 실행되는 지평은 물론 대지이다. 대지는 춤과 삶이 사랑을 나누는 침실 같은 곳이다.

디지털 영지주의와 매체 권력의 공모에 의해 탄생하는 탈육화의 가상현실 혹은 시뮬라크르의 세계는 삶과의 불화, 대지와의 갈등을 그 본질적 속성으로 내포한다. 이를테면 '세컨드 라이프'에서 뛰는 심장과 흐르는 피가 갖는 삶의 모든 리얼리티가 완벽하게 디지털 그래픽에 의해 핍진적으로 재현될 수 있다는 믿음이 깨진다면 이 거대 국가의 모든 시민들은 패닉 상태와 같은 엄청난 혼란에 빠지고 말 것이다.

니체가 말한 '대지'는 사이버 공간에서 디지털에 의해 그래픽 방식으로 재현될 수 없다. 디지털의 문턱에서 니체적 대지란 차라리 어떤 불가능성의 기표로 이해되어야 한다. 삶은 디지털화될 수 없다는 기표, 곧 대지를 받아들인다는 것은 이 불가능성에 승복한다는 것을 의미한다.

요컨대 삶이 대지를 만나는 축복으로서의 춤은 새롭게 태어나는 육체로써 가상, 허구, 조작 등의 격자코드를 예측할 수 없는 방식으로 가로지르면서 다양한 형식의 플라톤주의, 매체 권력, 디지털 영지주의 등을 탈영토화시킨다.

춤 없이 보내는 하루

아날로그의 역사가 종식되면서 등장하는 디지털 영지주의자들은 니체가 그토록 비난했던 '인간적인 너무나 인간적인' 인간 즉 종말인의 이상을 사이버 세계 안에 완벽하게 구현시켜낸다. 인터넷에서 펼쳐지는 무한한 공간 안에서 불가능한 것은 없다. '세컨드 라이프'가 보장해주는 삶의 양식은 무한한 확장성을 갖는다. 가령 스포츠, 연애, 결혼, 섹스, 이혼, 재혼, 사망 등 무엇이든 가능하다. 불가능한 단 한 가지가 있으니 초인의 삶 곧 춤이다.

픽셀을 무한 단위로 증대시키거나 하이퍼 리얼리티를 극대화시키는 방식으로 확보되는 어떤 핍진적 실재성도 이 '신성한 대지 위에서 이뤄지는 거룩한 육체의 율동'을 대체하지 못한다.

니체가 이렇게 비난하는 디지털 영지주의자들이 심부름꾼 즉 매체 권력과 연대해야 할 이유는 분명하다. 그들은 이 대지 위에서 주인으로 살아가야 할 인간들의 삶을 추상화시키는 데에 의기투합했기 때문이다. 그들은 과장된 헛소문을 퍼트린다. 육체는 무겁고, 땅은 거칠고, 상황은 낯설고, 실재는 부담스럽다. 어쩔 것인가. 아바타, 아이콘, 캐릭터와 같은 비물질적 이미지로 탈육화하여 사이버 공간으로 초월해가자고 부추긴다.

사이버상의 아이디로 존재를 대체하고 픽셀에 의해 구성된 현란한 이미지로 행위를 치환시킴으로써 대지와 육체를 완벽하게 털어버리려는 디지털 영지주의자. 그리고 사물과 주인의 자립성을 탈취함으로써 생활세계의 구체성을 영원히 제거해버리려는 심부름꾼들. 우리는 니체의 이름으로 이들과 맞서야 한다.

무엇보다 대지와 육체를 회복하는 것이 급선무다. 니체에 따르면 춤을 위해서는 손가락이 아니라 발이 필요하고 모니터가 아니라 대지가 필요하기 때문이다. '우리가 한 번도 춤을 추지 않고 보낸 하루는 헛되이 보낸 하루'[25]다. 어쨌든 우리가 육체를 통해서 이 대지 위에서 실현할 수 있는 모든 양식들, 감각들을 단호히 회복해야 한다. 할 수 있기 때문에 해야 하는 일이 아니다. 칸트 어법으로 표현해서 '해야 하기 때문에 할 수 있는Du kannst, denn du sollst' 일이다.

변증법의 구조를 전복시키는 것도, 새로운 변증법을 시작하는 것도 해결의 대안은 될 수 없다. 오히려 변증법은 우리가 빠져나와야 할 도식이다. 문제는 부정하는 게 아니라 사랑하는 것이고, 지양하는 게 아니라 스며드는 것이다.

어쨌든 실재에의 정열을 회복하는 것이 중요하다. 이것은 육체와 대지로 다시 돌아간다는 것, 그것으로 사는 삶의 불편함, 서투름, 낯섦 등과 화해한다는 것을 의미한다. 그러기 위해서는 먼저 형해화된 주인의 자리에서 내려와야 하고, 심부름꾼을 돌파해서 저 낮은 자리로 내려가야 하고, 그래서 마침내 사물과 소통해내야 한다.

니체를 위하여

위기의 담론은 이제 진부한 것으로 여겨지면서 담론의 위기로 넘어
가 버린 느낌이다. 그러나 '양치기 소년'의 교훈에서 확인할 수 있듯
이 위기의 담론보다 더 무서운 것은 담론의 위기이다. 문제는 순서일
것이다. 위기의 담론보다 앞질러가는 담론의 위기는 수상하다. 담론
의 위기를 과장하는 세력들에 따르면 니체는 이제 기록되고, 판단되
고, 평가되고, 정리되어야 할 철학사적 인물이다. 이제 새삼 무슨 니
체냐. 더구나 이 디지털 시대에.

1900년에 죽은 니체는 2000년대의 독자들은 자신을 이해할 것이
라고 예언했다. 그러나 여전히 니체는 이해되지 않은 채 잊혀져가고
있다. 고백하거니와, 이 소론을 이끌었던 심층적 동기의 하나는 '니체
기억하기'이다. 말하자면 니체를 이해하기 위해서라 아니라 니체를 잊
지 않기 위해서 니체를 끌어들였다. 무난한 방식은 시대의 쟁점에 니
체적 비전을 적용시키는 것이다. 이 과정에서 불가피하게 생겨나는
어휘나 논점들의 사소한 부정합은 이런 유의 '관념의 모험'을 위해 마
땅히 치러야 할 비용이리라.

물론 우리가 당대성의 문맥 안으로 니체를 호명해야 할 공적인 이
유도 분명히 있다. 영지주의적 비전과 결합된 디지털 테크놀로지의
눈부신 약진은 이제 니체적 세계관의 마지막 보루인 섹슈얼리티의
외곽을 때리는 데까지 나아갔다. 최근의 성취를 반영하는 전망에 따

르면 디지털 기술은 가까운 미래에 가상현실을 통한 신체 없는 완벽한 섹스가 가능하게 될 것이라고 한다. 그렇다면 오프라인 공간의 육체, 즉 살과 뼈로 이뤄지는 육체의 고유한 윤곽선들은 모래 위에 써놓은 문자처럼 서서히 지워져 갈 것이다. 마치 푸코가 『말과 사물』의 마지막 문장으로 예고했던 '인간'이라는 문자처럼. 그러나 니체는 육체의 윤곽선이나 인간의 문자가 이런 방식으로 삭제됨으로써 오히려 영원히 각인되어야 하는 이름일 것이다.

상처와 애무

상처 가능성은 한 인간을 절망시킬 수 있으나,

각각은 결국 그 가능성을 통해 구원받는다.

그러니 상처 불가능한 존재는

인간의 저주이자, 인류의 절망이다.

상처

어느 아침 샤워하다 샴푸거품이 눈에 들어가 황망히 샤워기를 더듬는데 날카로운 감각이 왼손을 스쳐 지났다. 샤워를 끝내고 물기를 닦으니 수건에 선혈 자국이 묻어있었다. 왼손 약지 끝이 조금 찢긴 것이다. 샤워기. 이사 오고 난 뒤에 십 수 년 만에 처음으로 나는 욕실의 이 도구를 정색하고 살펴보았다. 어느 부분에 걸려 내 손이 찢겼던가. 꽤 구식이라 할 만한 우리 집 샤워기에는 수로전환 놉이 1cm가량 돌출되어있는데, 허우적거리던 내 손이 여기를 스치다 찢긴 것 같았다. 샤워기가 내 손을 다치게 할 수 있다는 사실이 새삼 놀라웠고, 그런데도 십 수 년 동안 무사했다는 사실이 새삼 고마웠다. 조만간에 안전한 것으로 바꿔야지, 그렇게 작심하며 눈길을 던졌더니 그동안 내 인생의 1/5을 함께하며 화장실 장소 한켠을 지키고 있던 이 도구가 갑자기 그 완강한 일상의 질서에서 빠져나와 나를 보는 것 같았다.

그날 아침 집을 나서서 출근하기까지 짧은 순간에 나는 이 작은 상처가 폭로해주는 일상의 질서들과 숱하게 마주해야 했다. 가령 내가 옷을 입으며 와이셔츠 단추를 매야 한다는 것, 한번 바깥으로 나서기 위해서는 방문과 현관문을 열어야 한다는 것, 구두칼이 요긴하다는 것, 엘리베이터를 타는 동안 가방을 두어 번 바꿔 잡는다는 것,

오른손잡이인 내가 자동차 도어는 반드시 왼손으로 연다는 것, 운전 중 핸들도 주로 왼손으로 조작한다는 것 등등이었는데 이런 것들은 내 삶에서 한 번도 그 자체로서 주목받지 못한 채 은폐되어왔던 것들이다.

그러나 문제는 일꺼리였다. 운 없게도 그날 나는 부산의 한 유서 깊은 시민단체에 강연원고를 보내야 하는 과제의 데드라인에 내몰려 있었다. 마무리 작업을 위해 컴퓨터를 켜고, 자판에 손을 얹고 자판을 두들겨나가는 순간 나도 모르게 '아야' 하는 비명을 질러대야 했는데 손가락의 상처가 하필 정확히 자판의 접면에 나 있었던 것이다. 그런데 아픔은 그 왼손 약지 끝에서가 아니라 내 몸 전체에서 분사되어 나오는 것 같았다. 나는 그날 비로소 아침마다 버튼을 눌러 시작하는 컴퓨터 작업이 왼손 약지라는 내 신체의 작은 기관이 허락해야 가능한 일이라는 걸 새삼 깨달았다. 컴퓨터 없는 내 삶을 생각할 수 없다면 왼손 약지 없는 내 삶도 생각할 수 없었던 것이다. 이것이야말로 그 작은 상처가 내게 폭로해준 결정적 진실이었다.

아무튼 이런 식으로 한 사흘, 내 삶이 거의 왼손 약지 손가락에 달려있다는 환상까지 갖게 될 무렵부터 서서히 상처는 치유되었고, 다시 나는 내 삶의 대부분을 채우는 그 숭고한 일상의 진실들을 망각해갔다.

정신의 눈

근세철학의 출발을 데카르트로 잡는 철학사는 새롭게 정사되어야 한다. 코기토의 휘광이 비데로의 불꽃을 덮는 것은 온당하지 않기 때문이다. 데카르트보다 한 두세기 앞서 원근법의 창안자로 알려진 피렌체의 한 건축가가 '나는 본다. 그러므로 나는 존재한다video, ergo sum'는 주장을 제기했다. 부르넬레스키라는 이름의 이 인물은 미학의 공간도 시각 주체의 기하학적 질서에 의해 영토화될 수 있다는 사실을 원근법의 발견을 통해 처음으로 일관되게 논변했다.

근세적 자아로서의 사유주체는 그 본질에서 원근법적 시각주체다. 데카르트가 진리의 조건으로 내세운 명석 판명성은 시각주체의 투명성의 은유에 지나지 않는다. 그가 말년에 굴절 광학에까지 관심영역을 확장했던 것은 은유의 수사학을 벗어던지고 마침내 시각주체의 본색을 드러낸다는 맥락에서 이해되어야 한다.

그의 야망은 신의 시선 뒤에 자신의 응시의 시선을 설정하는 것이었다. 논리적으로 합당한 이유는 있다. 『성찰』의 「소르본의 신학자들에게 바치는 헌사」에서 밝히고 있는 것처럼 "신과 영에 관한 문제는 신학보다는 철학을 통해 논증되어야"[1] 하기 때문이다. 적어도 이 지점에서 데카르트는 진리를 판정하는 최종심급이 인간을 위해 우주를 창조한 신의 사랑이 아니라 그런 사실을 의심할 수 있는 인간의 이성에 있음을 판결한다.

'정신의 눈'은 실제 데카르트가 즐겨 썼던 은유다. 이 정신의 눈은 정신인 눈을 의미하고 정신인 눈은 곧 이성을 의미한다. "신이 원하기만 하면 내가 정신의 눈으로 아주 명증적으로 직관하고 있다고 생각하는 것에 있어서조차도 잘못을 저지르도록 하는 것은 신에게는 쉬운 일임을 인정하지 않을 수 없다."[2] 정신의 눈이 지각하는 것, 이성이 판단하는 것 등은 신에게 쉽게 기만당할 수 있다는 것이다. 그러나 문제는 다음이다.

누구든 나를 속이려면 속여보라. 그렇지만 내가 나는 어떤 것이라고 생각하는 동안은 결코 나를 아무것도 아니게 할 수 없을 것이고, 혹은 내가 현존한다는 것이 지금 참이기 때문에 내가 결코 현존하지 않았다는 것을 참이 되게 할 수는 없을 것이며, 또한 둘 더하기 셋을 다섯보다 크게 혹은 적게 만들 수는 없을 것이고, 혹은 그 안에 명백한 모순이 있음을 내가 알고 있는 것을 신은 어찌할 수 없을 것이다. [3]

데카르트가 『성찰』에서 전개시키는 장엄한 논증에도 불구하고 전능하고 완전한 신은 이제 이성에 의해 '잘 증명된 신'으로 처리되고야 마는 서글픈 운명에 봉착한다. 이렇게 하여 바람 꺼진 풍선처럼 초라해진 신은 응시의 저편에서 인간 주체의 이해를 기다린다.

내가 정신의 눈을 나 자신으로 향하면, 나는 불완전한 것이고, 다른 것에 의존하는 것이며, 끊임없이 더 크고 더 좋은 것을 바라는 것임을 이해할 뿐만 아니라 동시에 또한 내가 의존하고 있는 것은 이 더욱 큰 것을 모두 무한정적으로 또 가능적으로만이 아니라 현실적으로 무한하게 갖고 있으며, 이것이 신神임을 이해하게 된다. [4]

이 인용은 우리에게 '생각하는 갈대'의 메타포를 끌어들인 파스칼을 상기시킨다. 열거된 이해의 여러 항목들은 정신의 눈이 나 자신으로 향했을 때, 그 눈에 포획되는 것들이다. 그 눈은 나의 유한성이 반사하는 무한성이 신이라는 것을 파악한다. 그러나 진정 위대한 것은 이렇게 하여 마침내 무한자로서 이해된 신이 아니라 자신의 연약함과 불완함을 이해하는 갈대 같은 인간 자신이다.

증거는 분명한 것이니, 여기서 전능하고 영원하고 무한한 신조차 이 위대한 정신의 눈의 조망점 내부에서 포획되고 있기 때문이다. 절대자의 전능함조차 이성이라고 부르는 주체의 눈이 무대화하는 시각장視覺場을 초월해서 존재하지 못한다. 이것이 데카르트의 『성찰』에 나타나는 신 논증의 핵심이다.

하이데거는 『숲길』에서 데카르트를 시각 주체적 세계관을 끌어들인 사상가로 정확히 위치 지운다.[5] '세계 이미지Weltbild'는 그런 시각 주체 앞에 드러난 세계의 모습 이외의 다른 것이 아니다. 세계가 이미지로 변해버린 것에서 근세의 본질을 파악하는 하이데거는 이러한 새로운 본질의 탄생이 세계를 이미지로 정립시키는 근대적 주체의 출현과 더불어 시작된다고 주장한다. "세계가 이미지로 된다는 것은 존재자의 내부에서 인간이 주체로 된다는 것과 동일한 과정이다."[6] 데카르트가 의심, 지향, 비판 등등으로 사용했던 코기토를 하이데거는 표상화Vorstellen로 재맥락화 함으로써 표상화의 주체가 어떻게 근세 이후의 세계를 자신의 시각장 속에 포획해왔는지에 대해 섬세하게 논변한다. "데카르트의 형이상학에서 처음으로 존재자는 표상화의 대상성으로, 진리는 표상화의 확실성으로 규정되기에 이른다."[7] 당연히 표상화의 주체는 바로 데카르트의 '나는 생각한다. 그러므로 나는 존재한다.'를 발화했던 바로 그 주체다.

그렇다면 여기서 표상화란 무엇인가.

표상화는 다음을 의미한다. 즉 눈앞에 있는 것을 맞서는 것으로서 자기 앞으로 가져오는 것이고, 표상하는 것을 자신에게로 연관시키는 것이며, 이런 관계에서 척도를 부여하는 영역으로서 자기에게 어거지로 되돌려놓는 것이다. 이런 일이 일어날 경우, 이제는 인간이 존재자에 대해 스스로 이미지로 화하고 만다. 그러나 인간이 이런 방식으로 이미지로 화하게 됨으로써 인간은 자신 스스로 무대 안으로, 즉 일반적으로 공개적으로 표상화된 것의 열린 영역 안으로 끌려들어 가게 되는 것이다. 이렇게 함으로써 인간 자신이 스스로 그 안에 존재자가 표상화되고 현전화되고, 이미지화될 수밖에 없는 무대로서 세워지게 되는 것이다. [8]

얼핏 복잡하게 얽힌 듯한 이 인용문은 우리의 논의를 끌어가는 데에 쓰임새가 많은 주장들을 함축하고 있으니, '표상화'를 우리 논변의 키워드 '응시'로 바꿔놓으면 위의 인용은 다음과 같이 간명하게 재서술될 수 있다.

응시는 응시되는 모든 것을 시각장 안으로 가져온다. 응시주체는 그런 방식으로 자신을 권력화한다. 응시하는 자 역시 그 응시로써 시각장에 편입되는데, 그 방식은 스스로 시각장이 되는 것이다. 이 시각장에서 모든 것은 응시되는 것으로 포획된다.

현대기술의 본질 그리고 거기서 파생하는 위기의 본질을 게-슈텔 Ge-stell로 정의했던 하이데거에게 표상화는 분명 유용한 개념이었을 것이다. 왜냐하면 '모독적 청구'라고 번역할 수 있는 게-슈텔은 기술의 영역에서 전개된 표상화의 결과를 말하는 것이기 때문이다. "우리는 자기탈폐자를 부품으로 주문하는 것으로 인간을 몰아세우는 저 강박적 요구를 이제 게-슈텔이라 부른다." [9] 그러나 응시는 데카르트적 주체성 혹은 사유주체가 근세 이후 숨 가쁘게 전개했던 트랙에서 정신세계의 근본심급까지 망라하여 조망권 안에 끌어들이는 훨씬 더 광범위한 맥락들을 함축하는 개념이다. 내 주장의 핵심은 데카르트가 사유 혹은 이성이라고 불렀던 근세적 주체 코기토가 그 본질에 있어서 '하나의 응시주체'였다는 것이다.

노란 재킷

응시주체는 누구인가. 응시주체로 존재한다는 게 무슨 뜻인가. 또 그것은 어떻게 이성과 연계하는가. 『이방인』에서 알베르 카뮈의 천재는 두 개의 신비한 장면을 통해 거의 본능적으로 이런 물음들의 핵심을 관통한다.

　주인공 뫼르소는 어머니의 장례식을 치르고 돌아와서 늘 그러듯이 셀레스트네 식당에 식사하러 갔다가 특별하게 눈을 끄는 한 인물을 주시하게 된다. 노란 재킷을 입은 처음 보는 낯선 여자다. 그녀는 식사 메뉴를 주문한 뒤에 식사비를 팁까지 정확하게 계산해서 식탁 위에 미리 올려놓은 다음, 라디오 중계 프로그램 시간표를 연필로 체크하며 식사를 기다린다. 그런 뒤에 식사를 마치자 단 일 초의 시간 낭비도 없이 곧장 자리를 뜬다. 이 노란 재킷의 여자가 다시 등장하게 되는 곳은 뫼르소가 최후 진술과 최종 판결이 내려지는 법정에서

다. 그녀가 뜬금없이 나타나서 방청석에 자리 잡고 앉아 이 모든 진행과정을 지켜본다. 특히 그녀는 뚫어질 듯한 직선의 시선으로 뫼르소를 시야에 포획한다.

이 소설에서 단 두 번 그것도 앞뒤 맥락 없이 등장하는 노란 재킷의 여자는 순전히 응시하는 시선 자체만으로 존재한다. 하지만 카뮈의 언어는 이 단호하고 앙증맞은 시선으로서의 응시주체를 그 짧막한 에피소드 안에서 인상 깊게 그려놓는다. 마치 노란 재킷을 젖히면 그 안에는 가슴도 없는 텅 빈 공간만이 드러날 것처럼.

데카르트의 코기토에서 『이방인』의 노란 재킷까지 전개된 응시주체, 즉 이성의 역사가 서양 문명사에서 수행했던 역할의 맥락은 심원하다. 응시주체는 언제나 시각장 최후의 조망점에 자신의 시선을 위치시킨다. 그리고 표상화를 통해 존재하는 모든 것들을 일망감시체제 안으로 무대화한다. 응시의 이 시선은 우회하거나 휘어지지 않고 직선으로 곧장 대상을 향해 정확히 내리꽂힌다. 마치 사형을 선고 받는 뫼르소의 몸으로 노란 재킷의 시선이 낭비 없이 꽂히듯이. 이성의 감시권력은 모두 이런 시각주체의 응시에서 탄생한다.

하버마스의 응시

아도르노와 호르크하이머는 그들의 이름을 인구에 회자시킨 『계몽의 변증법』에서 계몽 이성이 그 본질에 있어서 도구적 이성일 뿐이며, 신화의 어둠에 계몽의 불빛을 밝혀왔던 그것 자체가 결국 하나의 신화에 지나지 않는다는 사실을 도저到底하면서도 유려한 어휘들로 논변하고 있다. [10] 저자들이 목적합리성으로 전개되어온 호머 이래 서구 이성의 행보가 마침내 아우슈비츠에 연계되어있다는 사실을 지적했을 때 내가 받았던 충격을 아직 기억한다. 요컨대, 그들에 따르면 전지구적으로 확산되어갔던 대규모 전쟁은 파시스트적 속도로 권력화 되어간 '역사 속의 이성Vernunft in der Geschichte'의 비극적 현실태였다.

이 사유의 전통을 승계한 하버마스는 프랑크푸르트학파 제1세대 이론가들이 분석하고 해체시킨 이 도구적 이성의 대안을 제시한다. 그것이 곧 '의사소통적 이성'이다. 그는 『의사소통행위이론』에서 이 의사소통적 합리성이 어떻게 신화로 추락해버린 이성을 생활세계의 새로운 규범원리로 복위시킬 수 있는지를 다채로운 논변으로써 보여준다.

하버마스에 따르면 의사소통 행위 특징은 그가 고집스럽게 분류하는 세 개의 형식적 세계 개념 즉 객관세계, 사회세계, 주관세계를 하나로 통합하고 공동의 해석 틀로 전제한다는 것이다. [11]

행위자는 이제 세 가지 세계 개념을 갖추었을 뿐 아니라 또한 그 개념들을 성찰적으로 사용할 수 있다. 우리가 보았듯이, 의사소통적 행위의 성공은 참여자들이 세 가지 세계의 연관 체계 안에서 공동의 상황정의에 도달하는 해석과정에 의존한다. 모든 합의는 비판 가능한 타당성 주장의 상호주관적 인정에 근거한다. 이때 의사소통적 행위자들은 상호비판의 능력이 있다고 전제된다. [12]

의사소통 행위의 참여자들은 이상적 담론상황이 요구하는 복잡한 조건들에 기꺼이 자신을 개방해야 한다. 먼저 자신들의 발화가 객관세계 안에서 인식론적으로 참이어야 하고, 사회세계 안에서 규범적으로 정당해야 하고, 주관세계 안에서 자기성찰적으로 진실해야 한다. 내가 누군가의 발언을 이해하고 또 나 자신이 누군가에게 이해되기를 바란다면 나는 이 세 가지 타당성 요구를 받아들여야 한다.

하버마스의 이 당연한 주장은 다음과 같은 더 단순한 가언명법으로 압축할 수 있다. '이해되기를 원하는가. 그렇다면 응시의 눈길 앞에 서라.' 그가 복잡한 수사를 동원하여 논변해 보이는 의사소통행위이론의 종요宗要는 각각의 화행자가 하나의 팬옵틱, 즉 이성의 일망감시 체제 안에서 정직하게 자신의 언어를 유통시키라는 것이다.

그런데 만일 행위자가 나름대로 합리적으로 사고하고 있다고 여기고 그의 주장을 정확히 그가 생각하는 방식으로 진지하게 받아들일 경우, 우리는 (그가 생각한다고 하는) 성공전망을 비판적으로 검사한다. 이때 비판은 우리의 지식에, 우리가 사실적 행위경과와 이념형적으로 설정된 합목적적 행위경과를 비교하는 것에 의존한다. 그런데 이런 비판에 대하여 행위자는 우리가 그에게 목적론적 행위모델이 허용하는 것과는 다른 능력들을 부여할 때 비로소 대답할 수 있을 것이다. 상호비판은 행위자가 그의 편에서 상호관계를 수용하고 의사소통적으로 행위하며, 나아가 많은 특수한 전제 위에서 성립하는 의사소통에 참여할 수 있을 경우에만 가능할 것이다. [13]

인용문에서 하버마스가 말하려는 것을 분명히 하기 위해 대답하는 행위자에 초점을 맞춰 위의 논지를 재구성해보자. 행위자의 주장을 상대가 비판했고, 그 비판에 대해 행위자가 다시 대답한다. 대답할 때의 발화방식은 주장할 때의 발화방식과 달라야 한다. 주장할 때의 비대칭관계는 대답할 때 대칭 관계로 전환된다. 행위자는 일단 비판에 답하는 대칭 관계로 들어서면 그런 관계가 요구하는 평등한 상호성의 원칙을 승인해야 한다. 그런 뒤에야 그는 비로소 의사소통 상황에 들어설 수 있다. 물론 비판자도 의사소통 상황에 들어서려면 평등한 상호성의 원칙에 따라 같은 조건에 따라야 한다.

여기서 내가 지적하려는 것은 하버마스가 도구적 합리성에 대비시켰던 의사소통적 합리성, 즉 "관련된 행위자들의 행위계획들이 자기중심적 성공계산에 의해서가 아니라 상호이해의 행위를 통해서 조정되"[14] 게 하는 것이나 "사람들의 생각을 강제 없이 합치시키는 논증적 대화argumentatative Rede의 합의형성적 힘"[15] 이 여전히 그 본질에 있어서 하이데거가 표상화라 불렀던 것, 혹은 우리가 앞에서 이성의 응시라고 호명했던 것을 대화적 형식으로 재생산하는 것에 지나지 않는다는 것이다. 이상적 담론 상황이 아무리 정교한 장치들로 이 상호성을 극대화시킨다 하더라도 당사자들 각각은 여전히 대화하는 외로운 영혼들로 남을 수밖에 없다. 억압 없는 담론 상황에서 도달하게 되는 자발적 합의도 이 사실을 은폐시키지는 못한다. 그렇다면 결론은 분명해진다. 도구적 합리성과 마찬가지로 의사소통적 합리성 또한 담론 상황에서 언어로 위장된 응시주체에 지나지 않는다는 것이다.

하버마스는 노동판에서 고참이 신참에게 새참으로 마실 맥주를 사오라고 시키는 경우의 예를 들어 이 상황에서 예상할 수 있는 다양한 의사소통 행위가능성들의 범위를 윤곽 지우려 한다. 여기서 그는 현상학으로부터 암시받은 생활세계 개념을 끌어들이고, 그것의 구조와 언어적 세계상의 구조 연관성에 대해 장황한 논변을 펼쳐나간다.[16] 가령 언어의 초월론적 지위에 주목하는 것이나, 의사소통행위의 주체들이 그 내부에 머물러야 하는 숙명적 상황에 대해 지적하는 것들이 모두 이런 맥락 위에 놓인다.

> 화행을 수행하거나 혹은 이해할 때, 의사소통 참여자들은 이미 자신들의 언어 안에서 움직이고 있어서 현재의 발언을-어떤 사건을 객관적인 어떤 것으로 경험할 때처럼, 혹은 어떤 행동 기대를 규범적인 어떤 것으로 접할 때처럼, 혹은 어떤 소망이나 감정을 주관적인 어떤 것으로 체험하거나 귀속시킬 때처럼-상호주관적인 어떤 것으로 그들 앞에 내놓을 수 없다. 상호이해의 매체는 특유의 반초월성Halbtranszendenz 속에서 머문다. 의사소통 참여자들이 수행적 태도를 견지하는 한, 현재 사용되는 언어는 그들의 등 뒤에 남아있다. 그것에 대해 화자는 세계 밖의 위치를 가질 수 없다.[17]

하버마스는 여기서 언어의 초월성과 의사소통행위자의 언어귀속성을 정확히 지적하고 있다. 그러나 그는 여기서 멈춰 선다. 이 언어의 초월성이 근거하는 토대를 해명하는 데까지 나아가지 못했던 것이다. 이것이 그의 한계다. 그래서 그는 이 초월적 언어가 그 본질에서 의사소통 상황을 무대화하는 시각장의 응시주체라는 것을 알지 못했다.

위의 인용에서 '언어'를 '응시'로 바꿔보라. 의사소통주체와 언어의 초월적 연관성은 훨씬 투명한 맥락 위에 드러난다. 응시야말로 그 시각장 안에서 언어와 상호주관성 자체를 표상하는 최종심급이기 때문이다. 그래서 응시주체는 표상화되는 것들 등 뒤에 남아 있어야 하고 어쨌든 시각장 내부에서 최후의 조망점을 설정해야 하는 것이다.

슬픈 얼굴의 기사

돈키호테의 꼬임에 빠져 처자를 버리고 신산스러운 편력의 길을 따라나섰던 산초는 점점 자신의 선택에 대해 깊은 회의에 빠져들기 시작한다. 과연 비쩍 마른 말 로시난테의 안장 위에서 노상 비실거리는 돈키호테는 정의의 왕국을 건설할 수 있을까. 자신은 영주로 책봉될 수 있을까. 아내는 영주후, 딸은 공주로 만들어줄 섬은 어디에 있는가.

더구나 가는 데마다 좌충우돌 더듬수를 두는 돈키호테 때문에 온갖 고초를 혼자서 다 떠안아야 했던 산초는 이제 점점 편력이니 모험이니 하는 것들에 넌더리를 내기 시작했다. 숙식비를 달라는 주막주인에게 저주받은 성의 타락한 성주라고 일갈하며 평원으로 내빼버린 돈키호테 때문에 뒤에 남겨져 주막 사람들에게 치도곤을 당한 산초. 그가 다시 적의 군대라며 양 떼들에 달려들었다 목동들의 새 총 공격에 나가떨어진 돈키호테를 치료해 주려다가 모든 것이 담긴 자루를 주막에서 뺏기고 말았다는 것을 알게 되자 마침내 결단을 내린다. "다시 한 번 저주를 퍼붓고, 지금까지 주인을 섬긴 급료도 못 받고, 섬의 영주가 되는 희망을 잃더라도 주인을 버리고 고향으로 돌아가겠다고 다짐했다." [18]

그러나 산초의 이 다짐은 실행되지 않는다. 무슨 이유에서인가. 어떤 장면 하나가 산초를 전혀 다른 차원으로 '급진화急進化'[19] 시켰기 때문이다. 야밤에 초상행렬과 마주친 돈키호테와 산초. 멈출 수 없는 편력의 열정을 지닌 돈키호테가 그것을 그냥 지나치지 못한다. 기필코 연고를 물어야 했고, 문제가 있다면 정의의 기사가 해결해줘야 했기 때문이다. 그러나 한밤에 갑자기 나타난 해골몰골의 기사를 보고 상여꾼들은 혼비백산으로 흩어진다. 아니 왜들 그러는가. 라만차의 편력기사가 그 죽음이 억울한 것이라면 원수를 갚아주겠다는데.

이 모험에서 산초는 처음으로 관망자의 위치에서 그저 바라보기만 한다. 이제 곧 노새의 머리를 틀어 고향 라만차를 향해 떠나고 말 참이니까. 다른 경우에서는 상상도 못 할 일이다. 풍차 사건에서도, 주막집 소동에서도, 양 떼 습격 사건, 그 황당한 사건들에서도 산초는 언제나 충직한 종자였다.

법석 와중에 신참 수도사 하나가 노새에서 떨어져 다리를 심하게 다치는 횡액을 당한다. 그때 비로소 관망자 산초가 상황에 개입한다. 어쩐 일로 갑자기 나긋해진 산초가 돈키호테와 함께 그 재수 없는 환자에게 사과하면서 뜬금없이 이런 말을 덧붙인다. "동료들이 자신들을 그렇게 만든 용감한 이가 누구인지를 궁금해 하시거든 그분들에게 전해주십시오. 그분은 유명한 돈키호테 데 라만차님이시며 일명 '슬픈 얼굴의 기사'라고 불린다고요."[20]

창졸간에 산초로부터 '슬픈 얼굴의 기사'라는 지독히 서정적인 타이틀로 호명 당한 돈키호테가 잠시 어리둥절해져 그 연고를 묻자 산초가 답한다. "제가 그렇게 말하는 건 저 불행한 자가 들고 있던 횃불로 잠시 주인님 얼굴을 비춰보았는데, 주인님이 정말이지 평생 한 번

도 본 적이 없는 너무나도 비통한 얼굴을 하고 계셨기 때문입니다." [21]

이 비통한 얼굴이란 물론 당장은 어떤 주검의 원수를 갚으려는 열망으로 불타오르는 얼굴이고, 그러나 자기 뜻과는 전혀 다르게 전개되는 상황에 난감해하는 표정이고, 그리고 지금은 노새에서 떨어진 이 신참내기를 애처롭게 바라보고 있는 얼굴이다. 그러나 산초의 시선은 이런 얼굴들을 훑고, 고향 마을에서 유년기부터 평생 보아왔던 낯익은 이 얼굴을 관통하여 그런 얼굴들의 근원으로 소급한다. 슬픈 얼굴. '평생 한 번도 본 적 없는 너무나도 비통한 얼굴', 이 얼굴이야말로 그 순간 마침내 산초가 교감하고 소통해낸 주인, 상처 입은 기사, 풍찬노숙하는 신산한 삶 속에서 모험의 숙명에 속수무책으로 내몰린 텍스트 영혼, 라만차의 돈키호테 그 존재 자체다.

그 얼굴을 바라보는 종자 산초, 이 무식한 시골농부는 그 순간 돈오하는 변신으로 급진화한다. 슬픈 얼굴의 기사라. 돈키호테는 이 명칭이 너무도 마음에 들었다. 하지만 전혀 예상치 못했던 종자의 이 변신에는 잠시 아연해져 더듬거리는 말로 이 신비를 스스로 납득해보려 애쓴다. "현자가 너의 혀와 너의 머릿속에 방금 네가 나를 지칭했던 '슬픈 얼굴의 기사'라는 것을 집어넣어 준 것이다. 나는 기회가 되면 추후로 나 스스로를 '슬픈 얼굴의 기사'라고 부를 터인즉, 그 이름에 더욱더 걸맞게 내 방패에 아주 슬픈 모습을 그려 넣을 생각이다." [22] 이후부터 소설에서 이 라만차의 편력기사는 마지막까지 자신을 '슬픈 얼굴의 기사'로 명명한다. 이 장면에서 산초는 사라지고 더불어 돈키호테도 사라진다. 슬픈 얼굴의 기사와 산초2가 나머지 편력의 주인공들로 등장한다. 도대체 이들에게 무슨 일이 벌어졌는가.

애무

산초2. 흔들리는 횃불에 드러나는 돈키호테의 얼굴을 그의 눈으로 '애무'하는 순간에 새롭게 탄생한 산초의 다른 자아다. 발화된 기호 '슬픈 얼굴의 기사'는 그 탄생을 알리는 시그널이다. 소설의 나머지는 이제 텍스트 인간 돈키호테가 마침내 산초2를 가슴으로 받아들임으로써 스스로 치유되는 지난한 소통의 역사로 채워진다. 처음에 돈키호테는 이 갑자기 낯설어진 산초2를 알아보지 못한다. 마치 헤겔의 '이성의 간지'를 상기시키는 '현자의 사역' 운운하는 말로 '슬픈 얼굴의 기사'의 발원지를 탐색하는 게 그 증거다. 산초는 응시의 주체였으나 산초2는 '애무하는 영혼'이다. 파란과 신명의 삶 속에서 공유하게 된 상처의 역사로 결정적인 순간 산초는 급진화한다.

만일 돈키호테가 산초의 변신에 화들짝 놀라 '현자가 어쩌고…' 하며 주제에서 비켜서지 않고, 순전한 인식론적 호기심이 발동해 "내가 비통한 얼굴을 한 것과 너의 입술에서 '슬픈 얼굴의 기사'라는 신이神異한 언어가 튀어나온 것이 무슨 관련이 있느냐"라고 물었더라도 산초는 답할 수 없었을 것이다. 레비나스의 말처럼 애무는 "찾는 것이 무엇인지 모르고 있다는 사실을 그 본질로 구성"하기 때문이다.

올바르게 말하자면 애무를 받는 대상은 손에 닿지 않는다. 이러한 접촉에서 주어지는 손의 미지근함이나 부드러움, 이것이 애무에서 찾는 것은 아니다. 이러한 애무의 추구는, 애무가 찾는 것이 무엇인지 모르고 있다는 사실을 그 본질로 구성한다. '모른다'는 것, 근본적으로 질서 잡혀 있지 않음, 이것이 애무에서 본질적인 것이다. 애무는 마치 도망가는 어떤 것과 하는 놀이, 어떤 목표나 계획이 전혀 없이 하는 놀이, 우리 것과 우리 자신이 될 수 있는 무엇과 하는 놀이가 아니라 다른 어떤 것, 언제나 다른 것, 언제나 접근할 수 없는 것, 언제나 미래에서 와야 할 것과 하는 놀이처럼 보인다. 애무는 아무 내용이 없는, 순수한 미래를 기다리는 행위이다.[23]

레비나스의 개념 애무는 돈키호테가 놓친 산초의 신비를 정확히 짚어낸다. 무엇보다 먼저 애무의 본질은 찾는 것이 무엇인지 모르는 행위이다. 이 점에서 애무는 자신이 보고자 하는 것에 낭비 없이 직선으로 꽂히는 응시와 대비된다. 벽촌의 농군답게 산초는 무지하다. 돈키호테의 광기 어린 행위에 대해 경제적 이해득실을 따지거나 인식론적으로 직관해낼 수 있는 능력이 그에게는 없다. 물론 그는 돈키호테가 그에게 심어준 터무니없는 소망을 지니고 있었다. 그러나 처자식과 고향 마을을 떠나 돈키호테와 함께했던 첫 모험에서, 늘어선 풍차를 거인들이라며 달려가다 튕겨난 미래의 황제를 보며 미래의 영주는 동요하기 시작한다. 그것은 애무하는 손끝에서 빠져나가는 살이었고, 시야에서 멀어져가는 꿈이었다.

편력의 세월이 깊어가면서 산초는 세상의 날카로운 단층들을 자신의 살과 뼈로 만나고 상처의 흔적들을 몸에 새겨간다. 섬의 영주, 영주후, 공주는 산초가 마지막까지 요지부동으로 품고 있었던 꿈이었던가. 적어도 돈키호테의 부추김을 받고 라만차를 떠날 때는 그랬다. 그때까지만 해도 그것은 그에게 확보되어있는 미래의 현실 같은 것이었다. 그러나 신산스러운 모험의 전 과정에서 고통과 상처가 깊어지면서 산초는 이 모든 것이 불가능한 환상이라는 것을 선술어적,

전판단적으로 짚어낸다. 이제 구체적 생활세계의 지평에 발을 디딘 산초는 돈키호테의 정체성, 곧 텍스트에 조회한 뒤에야 현실을 구성해내는 이 텍스트 인간의 본질, 그 광기를 꿰뚫게 된 것이다. 돈키호테가 산초에게 약속한 것, 주문처럼 되뇌는 급료, 섬, 영주 등등이 불가능성의 기표라는 것을 감지한 산초가 횃불의 흔들리는 불빛으로 드러나는 돈키호테의 얼굴, 그 상처 난 얼굴을 본다. 지울 수 없는 흔적으로 남아 그 얼굴을 바로 돈키호테의 얼굴이게 하는 상처, 그 삶이 온통 이 상처로 관통되어있는 얼굴, 바로 그 얼굴이었다.

> 흔적, 흔적 자체, 하나의 흔적으로 축출된 흔적으로서의 얼굴은 규정되지 않은 현상을 의미하지 않는다. 그 얼굴의 애매성은 규정되지 않은 노에마가 아니라 접근으로서의 접근이라는 멋진 모험으로의 초대이고, 누군가를 타자에게 노출시키는 것으로의 초대이며, 이렇게 노출된 것의 노출, 노출의 표현, 발화로의 초대다. 얼굴의 이런 접근에서 살은 말이 되고 애무는 발화가 된다. 하지만 하나의 얼굴을 응시하는 순간 그 얼굴은 사라지고, 접근도 사라진다. [24]

레비나스에 따르면 산초는 이런 얼굴의 초대에 응한 것이다. 산초가 돈키호테의 얼굴이라는 멋진 모험에 초대받고 그런 초대에 응하는 과정에서 그의 살flesh은 말word '슬픈 얼굴의 기사'가 되고 그의 애무caress는 '평생 한 번도 본 적 없는 너무나도 비통한 얼굴'을 발화saying하게 했던 것이다. 응시하는 순간에는 신기루처럼 사라지고 마는 이 얼굴을 애무하며 산초는 산초2로 급진화한다.

그러나 어쨌든 이 얼굴이 산초의 미래를 무화시킨다. 온전한 무질서 속에 던져진 무화된 미래, 내용 없는 미래. 레비나스는 이런 미래만이 순수하다고 말한다. 애무는 그런 미래를 기다리는 허망한 몸짓이다.

산초는 라만차의 기사에게서 이제 그런 미래를 기다린다. 그는 내면에서 들끓는 이 복잡한 풍경들을 '슬픈 얼굴의 기사'로 약호화하고 이제 남은 편력의 길을 끝까지 함께 하리라 스스로 다짐하게 되는 것이다. 마침내 산초는 그 현장에서 상처 입은 실존 돈키호테의 삶 자체와 소통해낸 것이다.

세계의 살

하지만 시선의 애무는 여전히 설명이 필요한 개념이리라. 대상을 향해 낭비 없이 직선으로 꽂히며 마침내 그것을 포획해내는 응시와 대비되는 게 애무라면 우리는 이렇게 물어봐야 한다. '무엇을 향한, 무엇을 위한 애무인가?' 레비나스에 따르면 아예 '이런 것들을 모른다'는 답이 애무의 본질이다. 문체와 수사의 고유성을 인정한다 하더라도 이런 주장은 방자하게 들린다. 목표도 계획도, 대상도, 내용, 질서도 없고, 작업도 휴식도 아닌 '타자와의 놀이 같은 것'이 애무인가. 그렇다면 애무는 데카르트 이래 합리성의 트랙 위를 숨 가쁘게 질주해온 계몽과 진보의 전 역사와 맞서야 한다. 우리가 에로틱한 성애의 한 양식으로 이해하는 애무에 이런 과도한 함축을 부여해도 괜찮은가.

나는 이 물음에 대한 답을 메를로-퐁티에서 찾아보겠다. 그는 적어도 '시선의 애무'라는 쟁점에서 레비나스 보다 더 극단적이고 전위적이다. 그는 먼저 우리에게 소통의 진정한 주체는 그동안 망각되고 은폐된 몸이라는 사실을 일깨워준다. 그에 따르면 모든 시선은 '보이는 사물을 감싸고 만지고 품는다.'[25] 시선의 이런 특성 때문에 치명적으로 얽혀들 수밖에 없는, 보이는 것과 보는 자의 관계를 퐁티는 인상 깊은 비유로 서술한다. "보이는 것과 우리 사이에는 마치 바다와 해안 사이처럼 가까운 친밀함이 있다."[26]

이 언급에는 시각경험의 현상학적 의미에 대한 신이神異한 반성이 스며있다. 가령 해운대 백사장을 상상해보자. 파도와 모래의 경계가 시시각각 변하듯, 바다와 해변의 경계는 끝없이 유동하며 출렁거린다. 여기서 핵심은 파도가 밀려와 모래를 덮쳤다가 빠져나가는 그 형세다.[27] 해운대 바다는 파도로 그 모래를 훑어내기 전에 해운대 백사장을 알지 못하고, 저 백사장은 밀려오는 물결에 휩쓸리기 전에 미리 자기 존재를 특정하지 못한다. 한번 밀려온 파도가 그 섬세한 촉수로 모래 더미의 윤곽선을 한번 더듬고 훑어낼 때 해안 백사장은 그때 그런 형상으로 한번 존재하게 되는 것이다. 모래를 훑는 파도의 손길은 결코 목적론적 궤적을 따르지 않는다. 파도는 모래의 궁극적 형상을 더듬어 내기 위해 밀려왔다 쓸려가기를 거듭하는 게 아니다. 레비나스가 말했듯이 그것은 도망치는 것, 자신은 결코 그것이 될 수 없는 것, 그래서 절망적인 타자인 모래와 벌이는 파도의 놀이 같은 것이다. 그래서 파도는 내용 없는 미래의 기다림으로, 목적 없는 서성거림으로 저 시지프스적인 밀물과 썰물의 몸짓을 반복하고 있는 것이다. 또 특정할 수 없는 모래만이 파도를 유혹하여 그 감미로운 애무의 손길에 자신을 내맡길 수 있다.

퐁티에 따르면 파도가 모래를 훑듯이 시선은 '보이는 것'을 만진다. '보이는 것'은 시선의 이런 애무에 앞서 어떤 형상으로도 특정되지 않는다. "존재하는 것은 보는 자에게 이윽고 제공될 사물, 자신들과 일치하게 될 그런 사물들이 아니"[28]기 때문이다. 퐁티는 여기서 시선에 대한 진정 심원한 통찰을 우리에게 보여주는데 "존재하는 것은 (…) 시선이 사물들을 감싸고, 자신의 살로 옷 입히기 때문에 우리는 온전히 벌거벗은 사물들을 보기를 결코 꿈꿀 수 없다."[29] 바꿔 말하면 존재하는 것은 보는 자에게 벌거벗은 모습으로 나타나는 게 아니라 '시선이 입힌 옷'으로 성장盛裝하여 나타난다는 것이다.

퐁티는 여기서 더 나아가 보는 것은 동시에 보이는 것이고, 만지는 것은 동시에 만져지는 것이며, 애무하는 것은 동시에 애무되는 것이라고 주장한다. 가령 사물을 만지는 왼손을 오른손이 만진다면 이 만짐의 계열은 곧장 역순으로 소급되어 뒤집힐 수 있다. 만져지는 사물이 동시에 만지는 왼손을 만지고, 만져지는 왼손이 동시에 만지는 오른손을 만진다는 것이다. 만짐과 만져짐의 이중성, 수동과 능동의 가역성, 가역성의 재역전, 그 반복 등을 싸잡아서 '사귐'이라 불러보자. 파도와 모래, 바다와 해안은 이런 식으로 서로가 서로를 사귀면서 깊은 친밀감을 틔워낸다.

퐁티에 따르면 가역성으로 얽힌 이 친밀한 사귐이 곧 살이다. 여기서 그는 바야흐로 몸을 넘어 마침내 '살의 존재론ontology of the flesh'에 주목함으로써 호모 에렉투스 이래 인간의 시각 경험을 전혀 다른 차원으로 급진화 시킨다. 퐁티는 보이는 모든 것들이 보이지 않는 존재의 직물, 즉 살에 결부되어있다고 주장한다. "색깔과 가시적인 것들 사이에서 우리는 그것들의 안감을 대고 그것들을 지탱하고 또 그것들을 양육하는 새로운 직물을 발견할 것인데, 직물로 말하자면 그것은 하나의 사물이 아니라 사물들의 가능성이고, 잠재성이며 살이다." [30]

당연히 이 살은 삼겹살이나, 꼬집으면 아픈 내 몸의 살 같은 것을 뜻하지 않는다. '가역성으로 얽힌 친밀한 사귐'에서 사귀는 자를 지워버린다면 무슨 일이 벌어질까. 모래와 파도의 사귐에서 모래, 파도를 없애버린다면 사귐도 사라지고 말까. 사귐은 남고 그것을 당기던 두 끝만 지워지는 것은 아닐까. 사랑하던 두 사람이 헤어지는 것만으로 사랑이 끝장나는 것은 아니다. 두 사람 각각은 한 줌 추억들로 잊혀져도 사랑은 망각에 저항하며 현재 시제의 시간 지평 위에 버틴다. 시간이 지나서 헤어진 한 사람이 문득 사랑을 기억해내고 그 추억으로 가슴앓이를 하는 것은 존재로서의 사랑이 이제 과거 속으로 사라져버린 그 사람을 호명한 것에 대한 그의 응답에 지나지 않는다. 호명된 그 사람은 잠시 사랑 앞에 불려와 그 장소에 머무른다. 그러나 그는 거기에 계속 머무르지 못한다. 그가 그 장소의 주인이 아니기 때문이다.

우리가 그 안에 머물거나 떠나도 영원히 남아 예기치 않은 순간에 우리를 다시 호명하여 불러들이는 친밀한 사귐, 슬픈 사랑, 지음知音의 우정, 이것들의 정체는 무엇인가. 퐁티는 그것을 살이라고 명명했다.

그러나 코기토가 헤게모니를 쥐고 있는 세계 이미지의 시대에는 이해할 수 없는 수수께끼로 남을 이 개념 살이 퐁티에게서조차 투명했던 것은 아니다. 그래도 어쨌든 그가 강렬한 애착으로 힘겹게 조형해갔던 이 개념에서 핵심은 코기토의 회로를 가로질러 근원인 몸이 출몰하는 장소로 회귀하는 것이다. 이런 맥락을 받아들이면 퐁티가 살을 정의하는 새로운 어휘 '감김coiling over'의 뜻을 새기는 데에 다른 어려움은 없을 것이다.

> 살은 바라보는 몸 위로 보이는 것이 감기는 것이고, 만지는 몸 위로
> 만져지는 것이 감기는 것인데, 이런 감김은 특히 사물을 보거나 만지
> 면서 그런 자신을 보거나 만지는 신체가 자신을 볼 때 입증된다. 그
> 래서 동시에 만질 수 있는 것으로 육체가 사물들 사이로 내려가고,
> 만지는 것으로서 그것이·모든 것들을 지배하며, 자신의 몸덩어리를
> 산산이 찢어냄으로써 이러한 관계, 나아가 이러한 이중관계를 자신
> 으로부터 끌어내게 되는 것이다. [31]

세계가 긴밀한 얽힘, 친밀한 사귐으로서의 살이라는 직물로 엮이
고 짜여 있다면 시각 경험에 대한 우리의 고정관념은 당연히 혁파되
어야 한다. [32] 어떤 것에 시선을 던진다는 것은 시각적인 게 아니라
촉각적이며, 보는 게 아니라 훑는 것이다. 요컨대, 눈은 본질적으로
훑고 애무하는 기관이다. 혹은 완곡하게 표현해서 눈은 타자의 살을
촉수적으로 훑어보는 것이다.

상처의 기억

나는 이 짧은 글에서 하바마스의 의사소통적 이성이 응시의 한 변양
에 지나지 않는다는 사실을 논증함으로써 소통의 담론을 담론의 소
통으로 환원시켜버린 그의 합리주의 전략을 비판하고자 했다. 당연
히 소통을 주제로 하는 우리의 논의는 응시적 이성보다 더 근원적인

지평인 애무하는 살의 층위에 놓여야 한다. 이 과정에서 나는 퐁티의 살을 레비나스의 애무 혹은 '사랑하라'는 무상명령인 얼굴의 확장으로 재맥락화 하고자 했다.

응시는 바로 이 살의 외부로 뚫고 나간 시선의 존재양식이다. 『이 방인』의 등장인물인 노란 재킷의 시선에서 보듯이 그것은 철저히 일 방성에 토대하여 몸을 포획하고, 감시하고, 통제하고, 관리한다. 작품 안에서 그 출몰의 뜬금없음은 이 일방성의 맥락을 극적으로 상징화 하고 있다.

살의 망각은 응시만이 교차하는 소통 없는 인간관계에서 비롯된 다. 우리에게 상처가 필요한 것은 이 때문이다. 상처는 응시의 시선으로 우리가 스치는 것, 놓치는 것이 무엇인지를 우리에게 폭로시켜준 다. 화장실의 샤워기와 나를 엮어내는 친밀한 사귐이 내 삶의 역사를 끌어가고 있다는 것, 내 일상이 온통 내 왼손 약지에 의지하고 있다는 것, 다채로운 계획들로 짜인 미래가 사랑하는 사람의 따뜻한 미소 하나에 달려있다는 것 등을 내게 긴밀하게 알려주는 것은 나를 예기치 않은 순간에 멈춰 세우는 어떤 상처다.

산초는 돈키호테 때문에 입은 상처의 피해자였던가. 그는 단지 한 과대망상 질환자의 어리석은 희생자였던가. 그렇지 않다. 돈키호테 자체가 산초의 상처였다. 이 상처로 해서 산초는 고향 마을 바깥 저 풍진 세상의 신산스러운 삶의 진실들을 발견할 수 있었다. 라캉식으로 표현하자면 '돈키호테는 산초의 진리다.' 산초가 응시의 눈길을 거두고 애무를 시작하는 순간은 바로 이런 진리를 마음으로 환대하게 되는 순간이었다. 우리가 존재Sein를 놓치는 것은 상처를 잊기 때문이다. 그래서 상처 망각의 역사는 존재 망각의 역사보다 더 근원적이다.

우리는 기억해야 한다. 우리 사이에 진정한 소통이 가능하게 되는 것은 상처를 기억하고 응시의 눈길을 거두고 서로 애무하기를 시작할 때뿐이라는 것을.

쓰는 자 누구인가

쓴다는 것, 그것은 단지 머리와 손의 일이 아니다.

자기의 전존재와 외부의 전존재들을 살flesh로 엮어내는 것이다.

한 문장의 마침표를 위해 전 우주가 필요한 것은 이 때문이다.

이몽룡의 글쓰기

『춘향전』에는 사랑 타령, 이별 타령으로 이어지던 서사가 극적으로 반전되는 두 장면이 있다. 하나는 이몽룡이 장원급제하여 어사화를 쓰는 장면이고, 다른 하나는 변사또의 생일잔치에서 암행어사가 출두하는 장면이다.

흥미로운 것은 이 두 장면이 모두 글쓰기와 연관된다는 것이다. 그러나 에너지가 쏠리는 방향은 달라서 전자에서는 글쓰기의 바깥에 있는 힘이 안으로, 후자에서는 글쓰기 내부의 힘이 바깥으로 용출된다. 계보학적 시각으로 보자면 이것은 권력이 어떻게 생성되고 어떻게 실행되는가를 보여주는 탈주선에 대응한다. 권력과 글쓰기의 관계를 이처럼 극명하게 보여주는 경우가 흔치 않을 것이다. 어쨌든 분명한 것은 우리를 감동시키는 춘향전의 극적 장면이 주인공의 글쓰기라는 인문학적 재능으로부터 야기된다는 것이다. 이렇게 본다면 사랑과 정절을 소재로 하여 춘향전이 전하려는 주제는 조선조 500여 년을 지배했던 숭문의 전통, 즉 유학과 사장학의 인문주의가 지배했던 조선조의 시대정신이라 할 수 있다. 이런 시대정신을 이해하지 못한다면 하마터면 룸펜으로 생애를 빈둥거리면서 보낼 수도 있었던 한 문사가 어느 날 갑자기 권력의 정점으로 수직 상승하게 되는 연고 또한 이해하지 못한다.

이때 이 도령이 올라가서 밤낮으로 학업에 힘쓰니 세상사를 모두 잊고 상투를 달아매고 송곳으로 다리를 찔러가며 침 뱉어 손에 쥐고 책상에 앉아 공부를 지성으로 한다. 천자문, 동몽선습, 사서삼경, 온갖 경전을 통달하여 이태백, 유종원, 백낙천, 두자미를 압도하니 어찌 천하의 문장이 아니리오. (…) 이도령이 종이를 둘러매고 과거장에 들어가 글제 내린 현판을 바라보니 '강구의 문동요'라 하였다. 종이를 펼쳐 놓고 용벼루에 먹을 갈아 황모붓에 묻혀 일필휘지하니 문장이 흠잡을 데 전혀 없다. [1]

결국 숙종대왕을 감동시킨 것은 이렇게 일필휘지한 이몽룡의 문장이었고 이 과장科場의 수험생에게 전라도 어사라는 큰 직함을 제수하게 한 것도 그의 글쓰기였다. 그러나 '강구의 문동요'라는 글제에 대한 이몽룡의 어떤 글이 왕의 마음을 움직였는지는 어떤 판본에서도 전해지지 않는다.

그의 글쓰기의 재능을 가늠하게 하는 것은 어사 이몽룡이 최초로 권력을 행사하는 현장에서 보여주는 문장, 곧 높을 고高와 기름 고膏를 차운次韻으로 하여 변사또의 생일상 앞에서 내리갈긴 칠언율시다.

金樽美酒 千人血,
玉盤佳肴 萬姓膏,
燭淚落時 民淚落,
歌聲高處 怨聲高

이 글쓰기에서 가렴주구 하는 관리의 죄악상이 장려한 문체로 표현되어있다. 여기서 우리의 시선을 끄는 것은 어사 이몽룡이 그의 권력을 행사하는 방식이다. 그는 순결한 자신의 연인을 해치고 관할 백성들을 가렴주구 하는 저 포악한 관리를 즉각 문초하지 않는다. 감성의 길을 에둘러가는 섬세한 인문학적 전략으로 접근한다. 즉 영락한 반가의 낭인으로 위장하여 나타나서는 차운율시의 글쓰기로 이것이 어사출두의 암시적 기표임을 넌지시 알린다. 이것을 우리는 이몽룡의 글쓰기의 일부, 즉 생활세계로 확장된 글쓰기로 간주한다.

권좌에 앉아 연인과 첫 대면 하는 자리에서조차 이몽룡은 여전히 인문학적 서사 전략을 바꾸지 않는다. 금일 처단될 죄인으로 불려 온 연인을 향한 첫마디는 '춘향아 나다 나, 네가 기다리던 낭군이다.'가 아니었다. 그 첫마디도 연인에게가 아니라 옆의 형리에게 건넨다. "저 계집은 무엇인고?" 형리가 "사또에게 악을 쓰며 달려든 춘향"이라 답하자, "너 같은 년이 수절한다고 관장에게 포악하였으니 어찌 살기를 바랄쏘냐. 죽어 마땅하되 내 수청도 거역할까?" 춘향이가 기막혀하며 "내려오는 관장마다 모두 명관이로구나." 독설로 쏘아붙인 뒤 어서 죽이라고 재촉한다. 그제서야 자신의 우회가 지나쳤다고 느낀 어사또는 "얼굴 들어 나를 보라"고 말한다. 아무튼, 서로 얼굴을 봐야 할 때까지 이몽룡의 글쓰기는 계속된 것이다.

이몽룡의 글쓰기 재능이 없었더라면 이 작품은 『로미오와 줄리엣』같은 비극으로 끝났을 것이다. 변사또의 생일에 춘향은 요절났을 것이고, 한양 땅의 지식인 그룹에서 빈둥거리며 세월 보내던 이몽룡은 나중에야 이 소식을 듣고 통한의 눈물만 흘리다 자진自盡했을 것이다.

글쓰기가 모든 스토리를 반전시키는 핵심어라는 것은 작품의 첫 대목에서 충분히 암시된다. 이몽룡을 처음 소개하는 작가의 언어를 보라. "얼굴은 관옥 같고 풍채는 두보 같고 문장은 이태백을 닮았더라. 항상 책방에 있으면서 부모에게 안부를 묻는 일 외에는 공부에만 힘을 기울이더니…."[2] 이몽룡의 풍채를 말하는 데서조차 태백과 쌍벽을 이루던 당나라 불세출의 시인 두보가 등장한다. 이 작품을 관통하는 인문정신은 풍채의 멋조차 잘 가꾸어진 몸에서 나오는 게 아니라 잘 쓰여진 글에서 나온다는 이 문장에 집약되어있다.

기록에 따르면 과거제도는 1400년 전 중국 수 문제 개황 7년(587)에 처음으로 시행되었고 고려에 이 제도가 도입된 것은 371년 뒤인 광종 9년(958)이다. 양민들에게 개방된 유일한 인재등용문인 이 제도는 결코 녹녹히 이용할 수 있는 출세수단이 아니었다. 춘향전에서 이몽룡처럼 단숨에 문과에 급제하는 경우는 매우 드물었다.[3] 문과 예비시험인 진사 생원 시험에 합격하여 오랫동안 교육기관에 적을 두고 연찬을 쌓은 뒤에야 문과 시험에 응시할 자격을 얻었다. 그리고 문과도 한 번의 글쓰기로 통과하는 경우는 없었고, 초장, 중장, 종장 세 번에 걸치는 시험을 통과해야 했다.[4] 중요한 것은 구술시험에 해당하는 강경과 더불어 제술 즉 글쓰기야말로 이 모든 시험에서 가장 중요한 평가 항목으로 간주되었다는 사실이다. 고대 희랍 청년들이 변증술로 출세하듯 조선조의 청년들은 글쓰기로 출세할 수 있었다.

숙종대왕은 왜 일필휘지한 이몽룡의 글 한 편으로 그에게 어사 벼슬을 제수했는가. 왜 과거제도에서 한편의 글쓰기로 한 사람의 모든 것을 판단하려 했는가. 이 답을 플라톤에서 찾아보겠다.

소크라테스의 동문서답

『플라톤의 대화편』「파이드로스」에서 플라톤은 파이드로스와 대화하는 소크라테스의 입을 빌려 글쓰기에 대한 자신의 사상을 밝힌다. 우선 그는 예지 어휘intelligent word와 문자 어휘written word를 구분한다. 전자는 영혼을 지닌 살아있는 인식의 어휘지만, 후자는 단순한 이미지에 지나지 않는다.[5] '글쓰기란 무엇인가'라는 파이드로스의 물음에 소크라테스는 이렇게 답한다.

> 문자 어휘에는 어떤 의미 깊은 것도 없다고 생각하는 사람, 랩소디와 같은 작문처럼 비평이나 교육할 의도 없이 그냥 믿게만 하려는 의도로 인용되는 글은 무가치한 것이라고 생각하는 사람, 그리고 그런 글쓰기 가운데서 최고의 작품이라는 게 고작 우리가 이미 알고 있는 것을 회상하게 해주는 것일 뿐이며, 정의, 선, 고귀성의 원리에 따라서만 교육을 위해 구두로 가르치고 소통하되, 글쓰기의 참된 방법인 영혼에 새겨지는 글쓰기에만 명석함과 완전함과 진지함이 있다고 생각하는 사람, 첫째로는 그의 가슴 속에서 찾아낸 말을 쓰고 둘째로는 그런 말들의 형제, 피붙이, 친족 관계가 되는 말들로만 글을 쓰는 사람, 그런 사람이야말로 파이드로스, 그대와 내가 좋아하게 되는 그런 작가가 아니겠는가.[6]

파이드로스의 물음에 소크라테스가 들려준 답은 얼핏 동문서답처럼 들린다. 파이드로스는 글쓰기에 관해 물었는데, 소크라테스는 글 쓰는 사람에 대해 말하는 것으로 답한다. 하지만 이 답 안에는 진정한 글쓰기에 대한 플라톤 사유의 핵심이 표현되어있다. 물론 플라톤에게 진정한 글쓰기는 영혼에 의미를 새기는 글쓰기writing graven in the soul이다. 당연히 그런 글쓰기는 문자 어휘로는 불가능하다. 여기서 플라톤은 영혼에 새기는 글쓰기를 회상의 글쓰기writing of reminiscence와 대비함으로써 글쓰기란 무엇인가라는 물음을 반복해서 제기한다. 물론 진정한 글쓰기는 예지 어휘로써 영혼에 새기는 글쓰기이다. 그렇다면 예지 어휘로 영혼에 새기는 이 진정한 글쓰기는 어떻게 가능한가. 여기서 플라톤이 무엇what으로 답하지 않고 누구who로 답한다는 것, 이것이 중요하다. 플라톤에 따르면 진정한 글쓰기를 정의하는 바른 방법은 그 속성을 열거하는 것이 아니라 그 작가를 지칭하는 것이다. 가령 인용문에 나타난 명석함, 완전함, 진지함은 참된 방법을 알고 있는 작가의 속성이지 그런 속성이 진정한 글쓰기를 이루는 게 아니다.

요컨대 제대로 된 사람만이 제대로 된 글을 쓸 수 있다는 것이며, 이 명제는 그 역을 함축하지 않는다. 어쩌다 제대로 쓴 한편의 글이 그를 제대로 된 사람으로 만들어주지 않는다는 것이다. 아리스토텔레스의 표현을 빌자면 '한 마리의 제비가 봄을 만들지 않고, 한 날의 무더움이 여름을 만들지 않듯'이 한번 쓴 감동적인 글쓰기가 그 작가를 진정한 작가로 만들어주지는 않는다.

글쓰기에 대한 플라톤의 사유가 얼핏 작가론의 외관을 띠게 되는 것은 이런 논리 때문이다. 그에 따르면 호머와 솔론 등은 예지 어휘로 글을 쓰는 현자, 즉 철학자다.

파이드로스 : 그들에게 어떤 이름을 부여하시렵니까.

소크라테스 : 나는 그들은 현자라고 부를 수 있겠네. 그것은 오직 신에게만 속하는 위대한 이름이지. 지혜를 사랑하는 사람, 철학자. 이것은 그 작가들에게 가장 겸손하면서도 적합한 타이틀이겠지. [7]

플라톤에 따르면 진정한 글쓰기를 위해 필요한 것은 글쓰기의 기술을 익히는 것이 아니라 철학자가 되는 것이다. 지혜를 사랑하는 자라야 예지 어휘로 영혼에 새겨지는 글쓰기를 할 수 있다는 것이다.

플라톤의 논리에서 볼 때, 숙종대왕이 이몽룡을 발탁한 것은 그가 뛰어난 글쓰기를 했기 때문이 아니라 그가 지혜를 사랑하는 자, 즉 철학자였기 때문이다.

꼬맹이 철학자

이도령이 춘흥을 떨치지 못해 방자에게 나들이해서 놀다 올 경치 좋은 곳을 묻는다. 이 물음에 방자는 방자하게도 "공부하는 학인이 부질없이 어찌 놀 곳을 찾으시느냐"라고 대꾸한다. 그러자 이 열여섯짜리 학인은 자세를 곧추세워 "너 참 무식하다"고 꾸짖고 이렇게 답해준다.

자고로 문장재사도 아름다운 강산 구경하는 게 풍월 읊는 근본이라. 신선도 두루 놀아 널리 보니 어이하여 부당하랴, 사마장경이 큰 강을 거슬러 갈 때 미친 듯한 물결에 음산한 바람이 성내어 부르짖자, 글을 지어 잠잠하게 했으니 천지 사이 만물 변화가 놀랍다. 즐겁고도 고운 것이 글 아닌 게 없느니라. 시의 왕 이태백은 채석강에서 놀았고, 적벽강 가을 달밤에 소동파 놀았고, 심양강 밝은 달에 백낙천 놀았고, 보은 속리산 문장대에 세종대왕 노셨으니 아니 놀지 못하리라. [8]

여기서 논다는 것은 무슨 뜻인가. 글쓰기와 연관지어 꼬마 철학자가 전개하는 논리의 대의는 '글쓰기를 위해 호연지기를 키우는 것' 쯤으로 풀어낼 수 있을 듯하다. 공손추가 맹자에게 선생님의 장끼가 뭐냐고 묻자 선생은 이렇게 답한다. "나는 남의 말을 잘 알고, 호연지기를 잘 키운다." [9] 여기서 호연지기는 무엇을 의미하는가. 정작 이 말을 뱉은 당사자도 그 뜻을 명확한 언어로 풀어내지 못한다. 그 말을 간추리면 대체로 다음과 같은 세 가지 뜻으로 집약해볼 수 있을 듯하다. 첫째, 이것은 한 인간에게 깃들어있는 기백 같은 것으로 잘 키우면 천하를 덮을 수 있을 만큼 장대하고 강건할 수 있다. 둘째, 호연지기는 옳은 것과 짝을 이루고 바른 것과 함께해야 피어날 수 있는 어떤 것이다. 셋째, 행동이 떳떳하고 마음이 당당할 때 지킬 수 있는 것이다. [10]

이것은 플라톤이 철학자의 특성을 정의하는 내용에 대체로 상응한다. 『국가』에서 그는 글라우콘과 대화하는 소크라테스의 입을 빌려 이렇게 말한다.

철학자의 특성에 대해 이렇게 합의하기로 하세. 그것은 생성이나 소멸에 의해 내몰려 헤매다니지 않고 언제나 변함없이 존재하는 것을 일깨워주는 것에 대한 배움을 항상 사랑하는 것이라고. 예 동의합니다. 그러면 나아가서 우리가 앞서 서술했던, 명예를 사랑하는 사람과 에로틱한 사람들과 꼭 마찬가지로 그것이 작은 것이든 큰 것이든, 보다 명예로운 것이든 보다 경멸스러운 것이든, 부분으로 쪼개지게 놓아두지 않고 그 전부를 사랑한다는 것이지. (…) 다음으로 불의를 거부하는 것이지. 그것은 불의를 완벽하게 거부하고 그것을 증오하면서 다른 한편으로는 당당하게 진리를 지켜나가는 거야.[11]

여기서 다시 우리는 앞서 인용한 플라톤을 상기해야 한다. 진정한 글쓰기, 그것은 철학자의 일이다. 플라톤이 만일 맹자의 호연지기를 알았더라면 이렇게 어휘들을 바꿨을 것이다. '진정한 글쓰기를 한다는 것, 그것은 철학자가 된다는 것이고, 철학자가 된다는 것, 그것은 맹자적 인간이 된다는 것이다.'

그러나 이런 글쓰기도 있다. 사방이 콘크리트 벽으로 가로막힌 척박한 환경에서 족집게 논술교사에 의해서 하나의 기술, 하나의 요령으로 전수되는 글쓰기.

송나라 선생

글짓기 기술을 전수해주는 선생들은 말한다. "호연지기는 글쓰기에 방해된다. 더구나 철학자가 된다는 것은 치명적이다." 논술용 글쓰기를 입시생들에게 가르쳐주는 이들은 우선 글쓰기를 잘하기 위한 다섯 개의 법칙을 암기시키고 출제한 문제를 요리하는 세 개의 법칙을 체득시킨 다음 마지막으로 논술 문장을 끌어가는 일곱 개의 법칙을 은밀히 전수해준다. 5. 3. 7의 법칙으로 글쓰기 논술은 끝난다.

맹자는 시간의 섭리를 어기고 모를 억지로 키우려 했던 송나라 농부의 예를 들고 있다.

송나라 사람 중에 자기 모가 자라지 않는 것을 안타깝게 여겨 싹을 뽑아 올린 사람이 있었다. 정신없이 집에 돌아와 집안사람들에게 "오늘은 피곤하구나. 내 모가 자라는 것을 도와주었더니!" 하고 말하였다. 그 아들이 달려가 보니 모가 모두 시들어버린 것이었다. 천하에 모가 자라는 것을 도와주지 않는 사람은 없을 것이다. 쓸데없는 일이라고 내버려두는 사람은 김 매주지 않는 자이고, 무리하게 잘 되게 하려는 사람은 모를 뽑아 올리는 자니, 무익할 뿐 아니라 도리어 해치는 것이다. 12

송나라 논술선생의 글쓰기 교육이 해로운 것은 글쓰기에 대해 가르침 받고자 하는 학생들의 글쓰기 능력이 자라도록 도와주는 게 아니라 그것을 억지로 뽑아내서 이윽고 죽게 만들어버리기 때문이다. 연구서에 따르면 송나라 선생은 놀랍게도 조선시대의 논술 현장에도 있었다.

조선 초기에는 문과 초장에 경전을 강독하는 강경을 실시할 것이냐 논술시험인 제술을 실시할 것이냐를 가지고 오랫동안 논란이 있었다. 처음에는 경전교육을 강화한다는 원칙에서 문과 초장에 강경을 실시하는 방향으로 정리되어 이것이 경국대전에까지 법문화되었으나 실용적인 측면에서 논술능력이 중요하다는 주장 때문에 점차 초장에 제술을 시험 보는 쪽으로 기울어가게 되었다. 이것은 곧 학교 교육에도 영향을 미쳐 경전보다는 논술 모범답안인 초집만을 외우는 부작용을 낳기도 하였다. [13]

송나라 선생들의 논술 교육은 주로 암기한 것을 옮기는 재능, 준비한 것을 찍어내는 요령, 그럴듯한 겉모양을 베껴내는 기술 등으로 이뤄진다.

글쓰기란 무엇인가. 우리는 이 물음을 다시 물어야 한다. 인식의 기쁨만이 있고, 표현의 즐거움이 없다면 우리의 삶은 얼마나 삭막한 것이랴. 그러나 언어로써 무엇을 표현한다는 것이 쉬운 일은 아니다. 토마스 만은 자전적 소설 『토니오 크뢰거』에서 그 사실을 지적한다.

당신이 말해야 할 내용에 너무 지나치게 신경을 쓰거나 그 내용을 위해 당신의 심장이 너무 따뜻하게 뛴다면, 당신은 틀림없이 완전히 실패하고 말 것입니다. [14]

이런 실패가 두려워지면 글쓰기 또한 두려워진다. 가장 간단한 방법은 글쓰기를 거부하고 묵살하고 회피하는 것이다. 여기서 흔히 선택하게 되는 도피로가 글쟁이 송나라 선생에게 위탁하는 방법이다. 그러나 글쓰기를 이런 방식으로 처리해버리는 것은 세계 또한 같은 방식으로 처리해버리는 것이다. 글쟁이 송나라 선생은 그렇게 처리해주기 위해 어디에서나 준비된 채로 당신을 기다리고 있다.

당신의 가슴이 터질 것 같고, 당신이 어떤 감미로운, 또는 숭고한 체험에 의해 너무나 큰 감동을 느꼈다고 칩시다. 어떻게 글로 쓸까요. 지극히 간단한 방법이 있지요. 글쟁이한테로 가는 겁니다. 그러면 모든 것이 순식간에 정리되어 나옵니다. 그는 당신을 위해 당신의 일을 분석하고 공식화하여 기존 개념으로 명명한 다음, 표현을 하고 일 자체가 저절로 말하도록 해줄 것이고, 그 모든 문제를 영원히 처리하여 아무 관심도 가지 않는 것으로 만들어주고는 고맙다는 인사말조차 필요 없다는 듯한 태도를 취할 것입니다. (…) 온 세계가 말로 표현되었으면 그것으로 세계는 처리된 것이고, 구원된 것이며, 그것으로 끝났다는 것이지요.[15]

글쓰기란, 표현의 즐거움을 위해 송나라 선생 없이 표현 대상과 언어의 사이에서 버티는 것이다. 그것은 그 사이의 긴장을 버티는 것이고, 세계를 처리하지 않은 채로 버티는 것이다.

상처의 글쓰기

글쓰기 상황에 송나라 선생 없이 처하기, 방법 없이 버티기, 처리되지 않은 세계의 혼돈 속에 머물기는 그런 행위들이 정직하게 이뤄지는 한, 쓰는 자의 손에서 머리를 거쳐 몸으로 소급하게 되어있다. 그리고 이런 소급을 추동시키는 힘은 반드시 상처에서 발원한다. 가령 다른 모든 매개수단을 몰수당한 채 한 송이 꽃 앞에 서서, 그것을 오직 언어로만 재현해내야 할 상황에 내몰려있다고 가정해보자. 꽃과 언어는 서로 닮은 곳도 겹치는 데도 없다. 언어만으로 나는 그 꽃의 또 다른 현전another presence을 이뤄내야 한다. 어느 시인의 시구처럼 그것은 내가 '그것의 이름을 불렀을 때', 꽃이 아니었던 것이 내게로 와서 마침내 '꽃이 되는'게 아니다. 어떤 경우에도 언어는 벌레를 꽃으로, 돌맹이를 나무로 '되게' 하는 마법의 힘을 갖지 못한다. '되기'의 의미를 시적 은유에서 들뢰즈적 '되기'[16]에 이르는 모든 스펙트럼으로 확장시킨다 하더라도 이것은 변할 수 없는 사실이다. 무엇인가가 '꽃'으로 호명되는 순간 이것이 끌어들이는 것은 생성의 기적이 아니라 '무엇인가'의 또 다른 현전일 뿐이다. 현전의 순간 호명 언어는 흔적 없이 사라져야 한다. 발화의 찌꺼기라도 남을 때 그 현전은 불구일 수밖에 없기 때문이다. 그럼에도 이 호명은 숱한 명명들이 실패하고 좌절하는 상처의 역사에서 탄생한다. 범람하는 명명의 어휘들이 호명에 실패하고, 그것들이 사산된 기표더미로 휩쓸려 가버릴 때마다 명명하는 주체는 상처로 휘청거린다.

소크라테스의 '영혼에 새기는 글쓰기'란 결국 호명의 힘을 지닌 이런 글쓰기로 이해된다. 하나의 어휘를 선택하고 술어를 연결시켜 문장 하나를 만들어낸다는 것은 가능성과 불가능성 사이에서 탄생하는 일종의 기적이다. 저 막막한 경계에서 서성거리고 주저하고 배회하다 꿰어낸 이런 기적들의 연쇄가 아니라면 글쓰기란 도대체 무엇이란 말인가. 이 상황을 이해할 수 없다면 글쓰기 앞에서 절망하는 다음의 플로베르도 이해할 수 없다.

나는 글쓰기란 불가능하다고 확신하기에 이르렀다. (…) 글쓰기는 점점 더 불가능하다. (…) 절망은 정상적인 상태이다. (…) 하지만 어떻게 쉬어야 하는가? 그리고 쉬면서 무엇을 할 것인가? (…) 그것이 바

로 내가 도저히 알 수 없는 수수께끼다. [17]

플로베르가 말하는 글쓰기의 불가능성은 호명의 불가능성이나 현전의 불가능성을 뜻하지 않는다. 그 정확한 의미는 무릇 모든 글쓰는 자가 글쓰기에서 감내해야하는 '상처받지 않음의 불가능성'이다. 상처 없는 글쓰기는 불가능하다. 글쓰기 행위가 필경 글 쓰는 자에게로 소급되어갈 수밖에 없는 것은 바로 이 상처 때문이다. 글쓰기에서 저자를 기억하는 일은 라면, 과자, 과일 등에서 생산자의 이름을 인지하는 것과 다른 차원에 놓인다. 신뢰의 상품화를 위해 저자의 이름에 서명하는 작가는 없다. 저자의 서명은 그의 전존재에서 분사해 나온 그 언어들을 책임지겠다는 언약의 상징적 선포다. 이처럼 '쓰는 자' 자신의 존재를 끝없이 환기시키는 것이어서 상처는 글쓰기에 대한 물음을 마침내 글 쓰는 자에 대한 물음으로 탈태시키게 되는 것이다.

우리는 이것이 '글쓰기란 무엇인가'라는 파이드로스의 물음에 '이것이 글쓰는 자'라고 답하는 소크라테스의 논리가 함축하고 있는 심오한 맥락이라 생각한다. 소크라테스에게 '영혼에 의미를 새기는 글쓰기'란 결국 상처의 역사를 걸머진 주체의 행위이다. 이런 논의로써 우리가 종국적으로 이르게 되는 결론은 이것이다. 글쓰기에 필요한 것은 머리와 손이 아니라 한 인간의 전존재다. 소크라테스, 플라톤, 플로베르 등에게 '글쓰기란 무엇인가'가 항상 '글쓰는 자는 누구인가'라는 물음으로 전환될 수밖에 없었던 이유가 여기 있었다.

술주정뱅이와 가로등

소외된 타자들이 믿을 수 있는 무기는

연대의 어깨뿐이다.

하지만 맞댄 어깨마저 무너질 때,

침몰은 받아들여야 할 운명인가.

공간과 장소

부산대학교 옛 정문을 나서면 오른쪽에 유서 깊은 동네가 있었다. 길은 구불구불 이어지고 집들은 낡았지만, 나름대로 운치 있는 동네였다. 학교 정문으로 이어지는 동네의 큰길 끝자락에는 수령이 백 년은 족히 넘었을 느티나무 한 그루가 있었는데, 나는 이 나무 앞을 그냥 지나치지 못했다. 차마 고백할 수 없는 추억이 하나 있기 때문이다. 내가 지금 쓰고 있는 문장 시제로 이미 짐작했겠지만, 이제 그 동네는 없다.

재개발 아파트 업자들이 눈독 들이고 작업을 걸더니 결국 그렇게 되고 말았다. 미친 짐승처럼 이 땅의 모든 추억의 장소들을 초토화시키는 토건업자들의 포클레인 앞에 유구한 모듬살이를 이어온 한 동네의 역사가 속절없이 무너져 내린 것이다. 전동톱을 든 철거작업원이 느티나무로 다가서는 모습을 상상해본다. 작은 묘목 하나가 자라나서 장성한 나무가 되고, 그 언저리에서 태어나고 살고 떠나고 죽어갔던 이들에게 그 기나긴 시간 동안 숭고한 표상으로 남았다는 사실이 톱을 든 손가락 하나라도 미세하게 떨게 했을까. 한 시간의 톱질로 절단 내는 백 년의 연륜 앞에서 잠시라도 숙연해지는 기분에 멈칫거리기라도 했을까.

나는 '장소'와 '공간'을 단순하게 구분한다. 전자는 상처와 추억으로 밀도화되는 질quality이고, 후자는 기하학과 경제학의 단위로 측정되는 양quantity이다. 아파트가 대개 평수로써 변별되는 것은 중성적으로 양화된 '공간'의 주거양식이기 때문이다. 40평은 30평보다, 50평은 40평보다 어쨌든 10평의 차이만큼 위에 있다.

아파트 공간이 전승되어온 장소의 질적 차이들을 탈영토화시키고 그 표면을 순전히 양적 차이로 재영토화시킬 때, 이 주거 양식은 40평대, 50평대 거주자 각각을 계급의 새로운 질서 위에 재 포맷한다. 이렇게 해서 30평, 40평, 50평 등등은 자본주의 사회의 새로운 계급 아이콘으로 부상하게 되는 것이다.

그러나 오래된 동네의 집들은 사정이 다르다. 남쪽에 창을 낸 모옥이 북풍을 막아선 기와집보다 위에 서고, 황량한 넓은 저택이 앙증맞게 예쁜 작은 벽돌집 아래 서기도 하니까.

아파트라고 추억과 상처가 없겠는가. 하지만 분명한 것은 그 모든 추억과 상처가 정확히 '공간'의 기하학적 넓이에 의해 규율되는 신체 위에 기록된다는 것이다. 추억과 상처의 날카로운 질감들이 '공간' 넓이의 중성성에 의해 완충된 채로.

길은 오직 '장소'에 놓이고 추억은 길 위에만 만들어진다. 하지만 '공간' 안에는 길이 없다. 오직 주행로가 있을 뿐이다. 주행로가 구불구불 휘어지지 못하는 것은 그것이 오직 '공간' 안에서 태어나기 때문이다. 주행로는 두 지점 간의 최단거리로 뚫려야 하고 최단거리는 결코 휘어질 수 없으니까. 이것이 '공간'에서의 소통양식이다.

장소와 공간을 글쓰기의 메타포로 활용해보자. 어떤 일이 벌어질까.

사이

나는 내가 재직하는 대학교에서 '무능 교수'로 낙인 찍혔는데, 이유는 논문을 쓰지 않는다는 것이다. 분명히 모든 교수가 월급처럼 받는 연구비를 몇 년째 받지 못하고 있으니 나의 무능성은 객관적인 데이터가 말해주는 듯하다.

그러나 나는 부산대학교 교수로 봉직하게 된 이후 이 대학의 교수 평균 논문실적보다 더 많은 논문을 써왔고 지금도 쓰고 있다. 그렇다면 무엇이 문제인가. 나는 학교 당국이 요구하는 두 가지 형식적 조건을 충족시키지 못했다. 하나는 학술진흥재단(이하 학진) 등재지나 등재후보지에 발표해야 한다는 것, 다른 하나는 발표 논문에 연구비 수혜논문임을 명시해야 한다는 것이다.

내가 무슨 숭고한 사명감으로 연구비를 거부하거나 학진 등재지를 기피해왔던 게 아니다. 종종 내 논문의 주제나 문체 때문에 학진 등재지에 싣는 기회를 쉬 잡지 못했을 뿐이고, 가뭄에 콩 나듯이 잡는 기회에는 부주의로 수혜논문 표기를 빠트렸던 것뿐이다. 나는 내 논문들이 기존 학술지들의 논문심사기준을 통과할 가망이 별로 없다는 것을 진작부터 알고 있었다. 두어 번 퇴짜 맞고 나서는 자존심이 상해서 투고하는 짓을 포기했다. 물론 책임은 나에게 있다. 우선 내 논문은 대개 주제부터 장르혼성적이어서 가령 대부분의 학진 등재 철학논문집의 심사 여부 판결기준인 '철학 논문인가'를 통과할 가망이 없었다. 운이 좋아 심사 '가피'로 판정받는다 하더라도 저 까다로운 심사 평가 항목들에서 합격 하한점수나마 받아낸다는 것은 거의 요행에 가까웠던 것이다.

나는 단 한 번도 내 글을 고통 없이 투고 규정에 적합한 논문의 형식에 담아본 적이 없다. 도대체 학술 논문이라고 부르는 장르의 이 지독히 권력적인 글쓰기 형식이 누구의 동의를 얻고서 지금처럼 보편적 강요의 권위를 획득했던가. 가령 국내에서 최고 권위를 자랑하는 한 철학 논문집의 경우, 심사 항목과 배점은 이렇게 짜여있다. 논문의 독창성 20점, 완성도 20점, 참고문헌의 활용빈도와 인용의 정확성 10점, 표현의 적절성 10점, 주제의 명확성 10점, 투고규정의 준수여부 10점, 연구결과의 기여도 20점.

내가 이론을 제기하고자 하는 것은 심사 항목 자체가 아니라 은닉된 그 판정 주체다. 누구에게 승인되는 독창성, 일관성, 적절성인가? 니체를 따라 이렇게 숨겨진 '누구who'에 대해 계보학적 물음을 던져보자. 우리는 곧 이심전심으로 유통되는 표준화된 어떤 회색 주체와 만나게 된다. 나는 내게 만족스러운 독창성, 일관성, 적절성 등이 이 주체를 만족시키는 독창성, 일관성, 적절성 등일 수 없다는 사실을 안다. 결국 지금의 학문적 환경 안에서의 '논문'이란 상처와 추억을 모조리 걸러낸 채 중성적으로 규격화시킨 '공간'적 글쓰기에 지나지 않는다.

문제는 이 '공간'적 글쓰기와의 화해를 강요하는 학문 공동체의 시스템이다. 대학의 논문 생산량이 올라야 대학 평점이 오르고, 평점이 올라야 서열이 오르게 되어있으니 무능교수의 퇴출은 당연하다. 1,100여 명의 교수 중에 월급에 해당하는 학교 연구비조차 받지 못하는 몇 %의 무능 교수로 지적받았을 때 나는 히스테릭 상태를 넘어 거의 패닉 상태에 빠졌다.

그때 나는 처음으로 내가 당한 처지에 대해 진지하게 성찰해보게 되었고, 그 결과로 내린 결론은 처지가 잘못된 게 아니라 처신이 잘못되었다는 것이다. 나는 내가 쓰고 싶은 주제를 자유로운 스타일로 쓴다는 내 글쓰기의 원칙과 당국이 선호하는 주제를 당국이 요구하는 형식에 따라 써야 한다는 논문 쓰기의 원칙 사이에서 갈등하고 있었고, 이러한 갈등은 '장소'와 '공간'의 타협적 중간지대에 서 있는 나로서는 어쩔 수 없는 것으로 생각하고 있었다. 패닉 상태는 이 중간 지대에 더 이상 머물 수 없는 상황에 대한 일종의 심리적 저항이었던 셈이다.

그러나 모든 게 착각이었다. 내가 멈춰선 그곳이 '장소', '공간'과 다른 또 하나의 위치라고 생각하고 있었다. 그러나 유혹에 노출되고, 끌림에 기울고, 거스름에 등을 돌리는 이 무한한 역동성의 틈은 대지로서 실체화될 수 있는 장소나 공간은 아니었다. 요컨대 그 '중간지대'는 '장소'와 '공간'처럼 고유한 속성을 지닌 또 하나의 실체적 위치가 아니었다. '장소', '공간'이 있을 뿐 중간지대는 없었다. 그것은 단지 '장소' 또는 '공간'에 아직 이르지 못함을 형용하는 장소적 메타포에 지나지 않았다. 기웃거림, 서성거림, 지향적 시도, 뭐라 부르든 이 모든 것은 '사이between'에서의 몸짓일 뿐, '지대region'에서의 처신은 아니었던 것이다. 나는 이 점을 오해했다. 그러니 문제는 빠져나가는 게 아니라 머무르는 것이고, 붙잡는 게 아니라 움직이는 것이었다. 머무르되 제대로 머무르는 것이었다. 제대로 머문다는 것은 곧 '장소'와 '공간' 양쪽에서 튕기는 힘들을 내 몸으로 더 첨예하게 감지하며 쉼 없이 움직인다는 것을 뜻한다.

'사이'는 오직 '장소'나 '공간'을 지향하는 움직임을 통해서만 그때 그때 드러나는 틈 이외의 다른 것이 아니다.

제임스 조이스의 『더블린 사람들』의 한 주인공 이블린은 '장소'와 '공간' 그 간격에서 처절하게 흔들리면서 이 '사이'를 극적으로 드러내 보여준다.

"어서 와!"
세상의 모든 바다가 그녀 가슴 주위로 넘실거렸다. 그가 그녀를 그 바닷속으로 끌어가고 있었다. 아마 그는 이블린을 그 물에 빠트려버릴 수도 있었다. 그녀는 양손으로 쇠 난간을 붙들어 잡았다.
"어서 와!"
아니야! 아니야! 아니야! 그건 불가능한 일이었다. 그녀의 손은 미친 듯이 쇠 난간에 매달렸다. 바다 한가운데서 그녀는 고통스러운 울부짖음을 토해냈다.
"이블린! 이비!"
그는 울타리를 넘어서 달려 나갔고, 그녀에게 따라오라고 소리쳤다. 사람들이 비켜서라고 그에게 고함을 질렀으나 그는 여전히 그녀를 부르고 있었다. 그녀는 창백한 얼굴을 그에게 돌렸다. 마치 불쌍한 동물처럼 수동적으로. 그녀의 눈에는 어떤 사랑도, 안녕도, 인식의 표식도 없었다. [1]

어쨌든 내 불길한 예감은 이런 것이니 나는 마지막까지 이블린이 서 있던 그곳, '가자!'와 '안돼!' 사이, '장소'와 '공간' 사이, '명령'과 '유혹' 사이에서 서성거리고 배회하고 휘청거리다 교단을 떠나는 것이다. 그렇다면 문제는 그 '사이'다.

열쇠 찾기

여기서 공리주의자들의 상투적인 물음을 제기해보자. 수천억 원의 지원을 받아 이제 곧 봇물처럼 쏟아져나오게 될 인문학, 사회과학 분야의 이 논문들로 우리 공동체가 얼마나 진보하고, 계몽되고, 행복해질까.

교수들 사이에 두루 퍼져있는 소문에 따르면 신청한 학진 연구 프로젝트에 선정되는 공식과 문법이 따로 있다. 소위 학진용 주제들이 따로 있고 학진용 신청서 작성법이 별도로 있다는 것이다. 내 주위 동료 중에 한해도 거르지 않고 학진 연구에 선정되는가 하면 그 외의 다양한 연구 프로젝트에 이중삼중으로 걸쳐 연구비를 따내는 재주 좋고 부지런한 교수들이 있다. 한 과제가 끝나면 곧 다른 과제를 시작하고 그 과제를 시작하면서 다른 프로젝트를 신청한다. 부러울 뿐이다.

어쨌든 이렇게 해서 학진용 학자들은 학진용 학문에 대한 멈출 줄 모르는 학진용 열정을 불태운다. 노엄 촘스키는 대학에 지원되는 모든 연구비는 어떤 명분으로 지원되든 본질적으로 부도덕한 것이라고 비판한다. 정부나 재벌의 힘에 의해 사회적 잉여생산의 일부를 특전적으로 향유해야 할 권리가 대학에 없다는 것이다.

도덕적 문제와 관련해서는 대학의 연구자금 가운데 완벽하게 깨끗한 돈은 아마 없을 것이다. 당신이 대학에 재직하고 있다면 불가피하게 더러운 돈과 관련되게 된다. 대학은 어딘가에서 일하고 있는 사람들의 돈으로 지원받는 것이고, 그런 돈이 있어야 기타 기관을 지원할 수 있다. 그런데 노동자로부터 그 돈을 가로채어 대학교를 먹여 살리는 갖가지 방법이 있다. 한 가지 방법은 세금과 정부 관료제를 통해 돈의 흐름을 바꾸는 것이다. 또 다른 방법은 이윤을 통해 대학을 지원하는 길이다. 또한 부유한 기부자가 연구자금을 대학에 내놓는 경우도 있는데, 그 돈 역시 따지고 보면 노동자로부터 훔친 것에 지나지 않는다. 만약에 당신이 대학에 재직하고 있다면 그건 마르크스주의자의 용어를 빌려 말한다면 잉여생산 일부를 대학으로 돌려주는 사회구조 덕분이다. 그런 지원이 있기 때문에 대학에 눌러앉은 사람들은 연구를 할 수 있는 것이다. [2]

결국 대학 등 연구기관에 지원되고 있는 수조 단위의 막대한 연구비 대부분은 정부가 돈의 흐름을 의도적으로 통제한 교육세 징수로써 확보한 것이고 그렇게 확보한 것을 학진용 주제들에 쏟아붓고, 그 결과로 학진용 논문들을 쏟아내게 하고 있는 셈이다.

우리가 공리주의의 물음을 단도직입적으로 물어야 하는 이유가 여기에 있다. 그 논문들로 우리는 얼마나 더 행복해졌는가.

자신이 정녕 쓰고 싶은 주제가 아니라 연구비 수령용 주제에 매달려 생애를 보내는 학자와 사랑하는 남자가 아니라 화대를 지불하는 남자와 동침하며 싱그러운 육체를 탕진하는 매춘부가 다른가. 촘스키는 '공간'의 공식에 따라 연구비용 주제로 논문을 쓰는 이런 학자들을 '술주정뱅이'라고 부르며 통렬히 야유한다.

어떤 술주정뱅이가 가로등 아래에서 뭔가 열심히 찾고 있는데, 당신이 그에게 다가가 이렇게 묻는다. "뭘 찾습니까?" 그의 대답. "열쇠를 잃어버렸어요." 당신의 질문. "어디에서 잃어버렸어요?" 그의 대답.

"길 건너편에서요." 당신의 질문. "그럼 왜 여기에서 찾습니까?" "음, 여기에 불이 켜져 있으니까요." 그것이 학자들이 연구하는 방법이다. 당신은 불이 켜진 곳에서 일한다. 그게 당신이 할 수 있는 전부이기 때문이다. [3]

정확히 답하는 것으로 보아 술주정뱅이는 열쇠 잃어버린 곳과 불 켜진 곳을 결코 혼동하고 있지 않다. 그런데도 그가 불 켜진 곳에서 열쇠를 찾고 있는 것은 찾고 있는 시늉을 하는 것에 지나지 않는다. 열쇠를 찾아야 하는 절박함보다 어둠에 대한 두려움에 압도당한 주정뱅이에게는 당장 그런 시늉이 필요할지 모른다. 하지만 주정뱅이가 정녕 열쇠를 찾고자 한다면 가로등이 없는 길 건너로 가야 한다. 연구자들 중에는 더러 술주정뱅이가 불 켜진 곳에 있듯이 학진 같은 연구비 지원처 주위만 맴도는 사람들이 있다. 그러나 연구자가 진정 자신이 원하는 주제를 연구하고, 절실하게 그 문제를 해결하고자 한다면 돈이 괸다는 이유만으로 머물러 있는 그곳을 단호히 나서야 한다. 논문 보고서로 마무리 지어야 하는 일 년, 이 년, 삼 년은 회계연도의 시간 단위이지 문제 해결의 시간 단위가 아니다.

지금은 주정뱅이처럼 가로등 아래서 서성거리고 있으나 학자는 마침내 저 어두운 곳, 불빛은 없으나 어딘가에 열쇠는 있는 저 길 건너로 가야 한다.

바로크

하인리히 뵐플린은 『미술사의 기초개념』에서 바로크는 르네상스와 몇 가지 양식상의 차이를 보인다고 주장한다. 그중 하나가 후자는 명증한 윤곽선으로 닫히는 데 반해 전자는 덩어리로 열린다는 것이다.[4]

그의 긴 논변을 요약하면 르네상스 화가들은 윤곽선으로 폐쇄되는 대상들을 명증하게 드러내는 데 모든 재능을 쏟았고, 바로크 화가들은 선명한 선을 희생시키는 대신에 대상과 공간들을 역동적으로 드러내는 데 천재성을 발휘했다는 것이다. 여기서 말하는 공간은 우리가 앞에서 언급했던 '공간'과 다르다. 오히려 바로크적 공간은 '장소'와 '공간'의 '사이'에 더 가깝다.

문제는 이 '사이'를 드러내는 방식이다. 가령 루벤스나 렘브란트는 이것을 직관하고 자신들의 천재성에 의해 형상화 해내는 길을 걷지 않았다. 만일 그랬다면 그것을 위한 최상의 도구는 물론 선線이다. 다시 말해서 '사이'가 마치 오브제처럼 주어져 있고, 그것을 그려내야 한다면 당연히 '선으로 닫는 것'이 작업의 요령일 수밖에 없다.

그러나 바로크 작가들에게 '사이'는 주어진 게 아니라 열어가는 것이었다. 이것이 선으로 닫기를 거부하고 덩어리로 열기를 선택한 이유다. 가령 렘브란트의 그림 《등대》에서 등대는 주제화되지 않는다. 르네상스적 명증성으로 시각의 중심에 배치되지 않는다. 그것은 어둠 속에 묻혀있으면서 다른 무엇인가를 드러내는 것으로 희미하게 서 있을 뿐이다. 그때 등대가 드러내고 있는 공간이 바로 '사이'이다. 등대가 캔버스의 왼쪽 끝 어둠 속에 잠기듯 소슬하게 비켜섬으로써 하늘과 바다 그리고 등대의 사이가 역동적 공간으로 드러나고 그 공간의 역동성이 다시 거꾸로 등대와 바다와 하늘을 생동감 넘치는 대상으로 만들어주고 있는 것이다.

내가 왜 바로크를 말하는가. 그것이 사이를 주제화함으로써 사이가 드러내는 대상들을 역동화 시켜주고 있기 때문이다. 나는 이것을 학문연대의 새로운 양식에 대한 강렬한 암시로 받아들이려 한다. 고백하자면 바로크적 전략이 내 머리 안에 투명하게 정리되어있는 것은 아니다. 하지만 이 단계에서 밝힐 수 있는 두어 개 구상은 다음과 같다.

사이와 연대

사이에 처한 자, 발붙일 대지가 없는 자들은 쉼 없이 걸어야 할 운명에 내몰린 자들이다. 길이 있어서 걷는 게 아니라 그들이 걸어서 길은 만들어진다. 그러나 윌리엄 포크너는 인간은 걷기 위해 태어난 존재가 아니라고 주장한다. 땅과 수직으로 만나는 모든 것들, 사람뿐만이 아니라 가령 나무, 옥수수, 꽃 등도 모두 길과는 상관없고 걷는 것과도 상관없다. 포크너는 만일 인간이 걷기 위해서 만들어졌다면 위아래가 아니라 앞뒤로 뻗도록, 이를테면 뱀처럼 만들어졌어야 한다는 것이다.

하느님이 길을 땅바닥에 납작하게 만든 것은 그만한 이유가 있다. 하느님이 무엇인가를 계속 움직일 목적으로 만든다면 그것은 길이나, 말, 혹은 마차처럼 앞뒤로 길게 뻗었어야 한다. 그런데 한자리에 머물도록 만든 것이라면 나무나 사람처럼 위아래로 뻗어야 한다. 그런 까닭에 위 아래로 쭉 뻗은 사람이 길에 살아서는 안 되는 것이다. 길과 집 중에서 어떤 것이 먼저 만들어졌는지 생각해 보면 된다. 집이 먼저 세워져 있는데 그 옆에 길이 만들어질 수 있을까? 결코 그럴 수 없다. 절대로. 마차를 타고 길을 지나는 사람마다 현관에 침을 뱉는다면 집 안에 사는 사람들이 마음 놓고 편히 살 수 있겠는가? 사람이란 나무나 옥수수처럼 한곳에 머무르도록 만들어졌다. 만약 사람이 계속 움직여야 하고 어딘가로 떠나야 한다면 하느님은 사람을 뱀처럼 길바닥에 쭉 뻗어 기어 다니는 모양으로 만들었어야 한다. 분명히 그렇다. [5]

포크너는 사이를 이해하지 못했고, 사이 인간을 알지 못했다. 그러니 길 위의 인간, 도상의 인간도 이해할 수 없었다. 그러나 하이데거는 사이 인간을 정확히 꿰뚫어보았다. 인간은 도상의 존재다. 사이는 현존재가 받아들여야 할 운명이라는 것이다.

하이데거는 『강연과 논문』에서 사이 인간을 '사방 인간Geviertwesen' 이라는 더 긴밀한 어휘로 밀어붙인다. [6] 하늘, 땅, 신성한 것들, 죽어야 하는 것들, 이 넷이 사방을 구성한다. 사방은 이것들을 한데 모은 게 아니라 그것들이 만들어내는 '역동적인 사이'를 지칭한다. 죽어야 하는 것으로서의 인간은 이 사이에서 머물러야wohnen 한다는 것이다. 인간의 도상성과 또 그렇게 머물러야 하는 이 사이의 도상성을 드라마틱하게 표현하기 위해 하이데거가 고심해서 선택한 용어가 '죽어야 하는 것Die Sterblichen'이다. [7]

죽어야 하는 것은 아직 죽지 않음과 이미 죽었음 사이에서 시시각각 죽어가는 사이 자체로서 존재한다. 하지만 아쉽게도 하이데거가 주목했던 이 '사방 인간'들은 파편화된 개인들에 지나지 않는다. 그가 오직 '거주'를 말했을 뿐, '연대'를 말하지 않았다는 것이 그 증거다.

사이의 인간들이 연대해야 할 이유는 외로움 때문이 아니라 어둠 때문이다. 가로등이 꺼진 모든 길은 어둡다. 그러나 우리는 거기서 '열쇠'를 찾아야 한다. 어둠 속에서 연대가 필요한 것은 이 때문이다. 연대자들은 라캉의 어법으로 표현하자면 '주소지에 도착할 수밖에 없는 편지'의 수신자들이다.

동무 연대

철학자 김영민은 『동무론』에서 자신의 동무론을 인문연대의 미래 형식으로 제시하고 있다. 그에 따르면 동무는 친구도 연인도 아닌 것이다. 여기서 부정사 '아닌'은 한편에서는 드러내고 한편에서는 감추는 역할을 한다. 그리고 그 역할을 다시 바꾸고 이런 바꾸기를 거듭 반복한다. 그렇다면 무엇을 감추는가. 친구, 연인을 감추고 친구도 연인도 아닌 관계의 모호함 혹은 그 모호한 관계를 드러낸다. 내 언어로 하자면 그것은 '사이'를 드러내는 것이다. 그러나 이 '사이'는 다시 친구, 연인의 정체를 더 생생하고 투명하게 드러내고, 그렇게 분명해진 친구, 연인은 다시 '사이'의 역동성을 드러낸다. 김영민의 언어로 '접선'이라고 언표되는 이 사이는 친구, 연인 그리고 실체적으로 확정해낼 수 있는 모든 인간관계의 가능적 지평이다.

상인/소비자, 적/동지, 남/친구, 타인/애인의 유형화된 이분법으로 완고한 이 세상의 격자구조에서 벗어나 접선의 긴장으로 오히려 자유로운 관계의 지평을 어떻게 열어내는가? (…) 인간 사이의 길들이 자본과 권력, 이미지와 스펙터클, 욕망과 전자매체의 네트워크 속에 속절없이, 전일적으로 포박된 터에, 말로 만나고 말로 바꾸는 세상, 말이 통해서 말만큼 살 수 있는 세상을 어떻게 꾸려낼 수 있을까? [8]

세상을 향해 던지는 이 물음의 외연을 학문연대로 좁히면 '말'은 '논문'쯤으로 특정해볼 수 있을 것이다. 그렇다면 논문으로 만나고 논문으로 바꾸고 논문으로 살고 논문으로 꾸려내는 공동체를 꿈꿀 수 있을까. 우선은 학진이라는 '공간'의 굴레에서 벗어날 수 있어야 한다. 그러나 거기서 벗어난다는 것이 '장소'로의 회귀를 의미하는가. 내가 바로크를 통해 상기시키려 했던 것이 무엇이었는지를 짚어냈다면 '벗어남'은 회귀가 아니라 단지 비켜섬임을 이해할 수 있을 것이다. 즉 사이로 비켜서는 것에서 시작해야 한다. 김영민의 '동무'란 그 사이에서의 존재양식 이외의 다른 게 아니다. 사이는 수동적인 틈이 아니라 존재, 대상, 실체를 역동화시키는 바로크적 지평이다. 김영민이 동무(사이)의 문법적 자격을 명사가 아닌, 부사 혹은 동사로 배치하는 이유가 여기에 있다. "친구라는 그 명사를 '동무'라는 그 부사 혹은 동사로 바꾸는 노력을 계속하지 않고서는, 우리 시대의 모든 진보는 헛손질이며 헛심이며 헛구역질이다." [9]

학연, 지연 등 '공간'을 종횡으로 구획하는 영토화의 코드에서 비켜서지 못하면 진정한 의미에서의 학문연대는 불가능하다. 자본제의 구도 아래서 교수, 스승, 제자, 동료들로 확정된 관계망 속에서, 학진의 유혹, 명령, 협박, 배제, 금지를 거부하기는 어려운 일이다. 이게 어렵다면 우리가 꿈꾸는 학문연대는 학진처럼 '공간'에서 우리 연구자들을 영토화시키는 또 하나의 권력, 또 하나의 명사, 또 하나의 실체 이외의 다른 것일 수 없다.

물론 다음과 같은 반론에 대해 내가 뾰족한 답을 갖고 있는 건 아니다. 이 산업사회에서 누가 자본, 권력의 자장에서 벗어날 수 있는가. 그러나 분명한 것은 우리가 학술의 영역에서 동무로서 비켜서지 못한다면 열쇠를 잃어버린 길 건너로 갈 수 없다는 것이다. 친구, 적, 스승, 제자, 동지 등등은 저 강렬한 가로등의 유혹에서 벗어나는 일을 불가능하게 만드는 족쇄의 이름이니까.

다중 연대

안토니오 네그리와 마이클 하트는 공동저술한 『제국』을 통해 두 개의 흥미로운 개념인 '제국Empire'과 '다중multitude'을 인구에 회자시켰다. 그들은 글로벌 시대에 권력의 작동방식이 변했다고 주장하고, 그 변화를 '제국주의에서 제국으로from imperialism to Empire'라는 명제로 요약한다. 이것은 현대 고도 자본주의 생산양식 안에서 이뤄진 전통적 권력형식의 총체적 혁신을 지칭한다.

제국주의는 절대 중심의 권력체에서 방사성으로 확장되는 영토화를 기본전략으로 선택한다. 제국주의가 언제나 식민주의와 켤레를 이루게 되는 것은 이 때문이다. 어쨌든 고정된 경계선의 제국주의는 영토상의 권력을 중심으로 자기 확장을 도모한다. 하지만 제국은 다르다.

제국은 개방되고 팽창하는 자신의 전선 안에서 점진적으로 전지구적 영역 전체를 통합하는, 탈중심화되고 탈영토화 하는 지배의 장치이다. 제국은 명령의 소통체계를 조율함으로써 혼종적 정체성, 유연한 위계, 그리고 다원적 교환 등을 통제한다. 세계의 제국주의자 지도의 분명한 국가적 색채들은 제국적, 전지구적 무지개 안으로 혼합되어 뒤섞여 들어갈 것이다. [10]

하트와 네그리는 단호한 목소리로 '제국주의는 끝났다'[11] 고 선언한다. 이제 정녕 두려운 것은 선전포고와 함께 식민화 전쟁임을 공공연히 표명하며 전력을 배치하는 제국주의 권력이 아니라 경계선 없이 우리 생활세계의 지평에 안개처럼 스며들어 개인들의 정신과 신체를 속속들이 통제하는 제국의 전략이다. 제국은 경계가 없고, 경계가 없으니 또한 한계도 없다. 그러면서 제국은 모든 일상에서 개인의 실존을 정확히 포획하여 통제망 안에 가차 없이 배치한다. 하트와 네그리가 제국의 작동방식을 '생체 정치biopolitics'라고 불렀던 것은 이 때문이다. 이들에 따르면 당신이나 나 우리는 모두 별수 없이 이 기이한 권력형식 즉 제국의 신민subject들이다.

그러나 이 제국의 신민들이 수동적 객체에서 능동적 주체로 전환될 때 특별한 정치 세력으로 새롭게 포맷된다. 이것이 제국을 인용부호로 묶어 그 효력을 정지시키는 힘 즉 '다중'이다. 다중은 무엇보다 주체적 자유의 시민citizen이며 '제국'에 저항하는 힘이다.

다중은 끊임없이 움직이고, 체계에 지속적으로 전지구적인 재형상화를 부과하는 개체들과 사건들의 배치를 형태 지운다. 이 같은 항구적인 운동은 지리적일 수 있지만, 또한 그것은 변용된 혼합과 혼종화의 형식과 과정을 지칭할 수도 있다. 체계와 비체계적 운동의 연관성은 항구적으로 변용하는 이 와류 속에서 어떤 일치된 논리로 평정될 수 없다. 심지어 새로운 다중이 만들어내는 비체계적 요소들조차 사실은 체계와 통약 가능한 연관성, 나아가 도착된 연관성을 가질 수 없는 전지구적 권력들이다. 제국적 체계의 질서 안에서 분출하는 모든 선동적 사건들은 체계 전체에 충격을 가한다. [12]

다중의 특징인 끊임없는 움직임이 실행되는 지평이 곧 내가 앞에서 거듭 말했던 '사이'이다. 인용문에서 네그리와 하트는 이 '사이'를 더 정확하게 "지리적일 수 있지만, 또한 형식의 변용들, 혼합, 혼종화의 과정들을 지칭할 수도 있다can be geographical, but it can refer also to modulations of form and processes of mixture and hybridization."고 단언한다.

다중은 또한 글로벌하게 생각하되 로컬하게 행동하는 '구체적 보편'의 살아있는 표상이다.

구체적 보편은 다중으로 하여 장소에서 장소로 이동하게 해주고, 그 장소를 자신의 것으로 삼게 해준다. 이것이 유목주의와 종족혼합의 공통장소다. 순환에 의해 공통된 인간종이 구성되고 (…) 순환을 통해 인간 공동체가 구성된다. 계몽주의의 구름이나 칸트적 환상과 상관없는 다중의 욕망 대상은 사해동포적 국가가 아니라 공통종족이다. [13]

이 짧은 인용은 다중의 특성을 핵심적으로 요약하고 있다. 그것은 순환하는 다수이고, 정착을 거부하는 유목주의자이며, 혼종적 뒤섞임으로써 조화로운 인간공동체를 만들어내는 주체들이다. 순환성, 이동성, 혼종성을 특징으로 하는 다중이 욕망하는 것은 어중이떠중이를 한데 모아놓은 코스모폴리탄 국가가 아니라 공통종족common species 이다.

그렇다면 여기서 공통종족이란 무슨 의미인가. 특정한 공통성을 공유하는 공동체라는 뜻인가. 하지만 네그리와 하트는 다중의 공통성이란 차라리 공통성을 거부하는 것이라고 주장한다. 구태여 지적하자면 그것은 차라리 특이성singularity 같은 어떤 것이다.

사실상 노동을 통해 다중은 자신을 특이성으로 만들어낸다. 제국의 비-장소nonplace 안에 새로운 장소를 마련하는 것은 이 특이성이다. 이 특이성은 협동에 의해 생산되고 언어 공동체에 의해 표상되며 혼종화 운동에 의해 발전하는 하나의 실재다.
다중은 전지구적 세계 시장의 표면 위에 존재하는 모든 인류는 (어떤 공통성에 의해-저자)상호 교환될 수 있다는 이데올로기적 환상을 전복시킴으로써 이 특이성을 긍정한다. [14]

이러한 특이성으로 하여 다중은 자율성의 주체로 확인되고, 이 자율성이 마침내 다중으로 하여 '새로운 지리학'의 창안자가 되게 한다는 것이다.

다중의 운동은 새로운 장소들을 표식하고designate 그들의 여행은 새로운 거주지를 건설한다. 다중의 자율운동은 다중들에게 적합한 공간을 지정한다. 여권이나 법적 서류들은 국경을 가로지르는 우리들의 운동을 점점 더 미약하게만 통제할 수 있을 뿐이다. 육체의 생산적인 범람이 새로운 강과 새로운 항구를 지정함에 따라 다중은 하나의 새로운 지리학을 만들어 낸다. [15]

내가 앞에서 말했던 '사이'는 오직 다중이 만들어내는 이 '새로운 지리학' 위에서만 그 장소를 지정받을 수 있을 것이다. 어쨌든 나는 네그리와 하트가 공들여 주조해낸 '다중'의 새로운 연대 방식에 희망을 건다. 그들은 제국의 모든 억압 코드에 대항하는 창조적 힘이고, 제국이 개척한 모든 경계를 탈영토화시키는 불온한 세력이며, 제국이 조성한 모든 시장 질서를 전복시키는 혁명적 권력이다.

어떤 점에서 유럽과 미국에서 발원하는 지배의 논리는 지금은 지배의 실행을 전지구적 규모로 투입하고 있다. 더 중요한 것은 제국을 점검하고 대안적 전지구적 사회를 효과적으로 예시해 보여주는 힘들 자신이, 어떤 지리학적 지대에 제한되지 않는다는 사실이다. 이러한 대안적 권력들의 지리학, 새로운 지도제작법은 여전히 쓰여지고 그려지기를 기다리고 있다. 아니 실로 그것은 다중의 저항, 투쟁, 그리고 욕망에 의해 오늘날 지금 쓰여지고 있는 중이다. [16]

네그리와 하트가 지금 다중에 의해 쓰여지고 그려지고 있다고 말하는 새로운 지리학, 새로운 지도제작법은 예상컨대 내가 거듭 말해온 공간과 장소의 틈새로 비켜선 사이를 새겨 넣는 특별한 기호법을 먼저 창안할 것이다. 그래서 제국의 지도에 누락되어온 사이와 장소들을 주저 없이 편입시킬 것이다.

새로운 지리학

사이를 만드는 힘은 공간과 장소의 그 첨예한 대립에서 온다. 백 년 된 느티나무를 전동톱으로 자르는 작업원의 주저, 멈칫거림을 끌어내는 것은 나무와 전동톱이다. 정확히 작업원은 그 사이에 있고, 짧은 순간의 멈칫거림 같은 작은 일탈들은 그 사이를 충격적으로 확인하는 신체의 반응일 뿐이다.

생체정치학의 관점에서 논문과 아파트는 최소한 비트겐슈타인이 지적했던 가족 유사성family resemblance을 공유한다. [17] 둘 다 허용된 공간 안에서만 움직여야 한다. 아파트는 발코니까지만 나아갈 수 있고, 논문은 각주까지만 나아갈 수 있다. 아파트에서 뛰어내리면 목숨을 잃듯이, 논문에 등을 돌리면 밥통을 잃는다. 남의 아파트가 대개 구경거리가 아니듯, 학자의 논문은 대체로 흥미 거리가 아니다. 둘 다 별 재미가 없다. 무엇보다 논문과 아파트의 공통점은 형식이 일사불란하게 표준화되어있다는 것이다. 준공검사를 통과한 아파트와 심사를 통과한 논문은 나란히 표준화의 관문을 건너서 제국 시장의 진열장에 펼쳐진다. 이 진열장에는 이른바 명품들이 존재한다. 아파트에 타워 팰리스가 있듯이 논문에서의 사이언스, 네이처 등이 있다.

학문인증제는 이제 토플이나 토익처럼 곧 학문능력의 표준화 척도로 확산될 것이다. 공학인증제는 이미 국내 대학에 보편화되어있고 곧 경영인증제가 시작 단계에 있으며 이어서 법학인증제, 심리학 인증제, 사회복지학 인증제 등이 도입될 전망이다. 일체의 표준화, 평준화에 저항해야 할 인문학, 심지어 철학 등에서조차 요즈음 수상한 징후들이 포착되고 있다. [18]

학문인증제는 곧 학문영역에서 작동하는 생체정치로서의 제국이다. 물론 이 발상은 팍스 아메리카나 이데올로기에 토대하는 미국중심의 학문 표준화 전략에서 나온 것이다. 문제는 그 사업에 앞장서는 졸개들이니, 무릇 졸개들이란 장수의 뜻에 알아서 기는 족속들이다.

알아서 기는 천민근성을 호도하는 상투적인 명분이 '앞서가야 한다.'는 이른바 선점의 논리다. 왜 그것이 목표여야 하는가를 반성적 자의식 안에서 되묻는 대신 그저 주어진 목표를 향해 돌진하려 하고, 내가 왜 이 일에 나서야 하는가를 자문하는 대신 목표에 이르는 수단과 방법만을 합리적, 효율적으로 재조직하려는 이 맹목적 합목적성이 다른 곳도 아닌 비판 담론의 최후 보루인 대학집단에서 확산되고 있다는 사실이 우리를 우울하게 만든다.

내가 이 글을 쓰는 이유는 우울한 관망자로서 하소연하기 위해서가 아니라 숙고하고 조직하고 저항하기 위해서다. 피투된 기투로 실존할 수밖에 없는 유한자가 학과중심, 출신 대학중심, 학회 중심, 스승 제자 중심의 모든 인간관계를 떠나서 헤겔이 말했던 '순결한 영혼'으로 존재하는 것은 현실적으로 불가능하다. 그러나 가끔 그런 코드들을 횡단선으로 가로지르고 사이와 틈을 열어젖히면서 제국의 억압 코드들을 헐겁게 만드는 동무적, 다중적 투쟁은 우리 각자가 일상의 선 자리에서 시작할 수 있는 싸움이다. 물론 힘겨운 싸움이지만 학문을 위해 한 생애를 승부하려는, 예상되는 후속 세대의 단 하나의 순진한 영혼을 위해서라도 우리가 이 싸움을 시작조차 해보지 않고 물러선다는 것은 참담한 일이다.

학문 장르에서 제국에 저항하는 다중의 힘은 익명성에서 오는 게 아니라 투명성에서 온다. 이미 소크라테스가 보여주었듯이, 투명성이란 광장 가운데 당당히 나서서 만인의 시선이 던지는 가차 없는 탐색을 마지막까지 버티어낼 때 얻게 되는 명예다. 이것이 가끔은 목숨을 비용으로 치러야 할 만큼 비싼 것이라 하더라도 무릇 학문에 승부를 걸고자 하는 학인은 이런 거래에서의 흥정을 두려워 말아야 한다.

학회라는 이름의 학문적, 정치적 사교 단체는 앞으로도 존속할 것이고 논문이라는 이름의 형해화된 글쓰기도 먼 미래까지 장수하리라. 하지만 이 제국 안에서 우리가 품고 사는 한 줄기 희망을 또 누가 꺾을 수 있겠는가. 동무, 다중이 이끄는 학문 연대가 새로운 글쓰기, 새로운 노동, 새로운 생산을 통해 마침내 '사이'와 '장소'에 빛을 던지는 새로운 지리학을 창안해내리라는 희망을.

애무와 헛손질

왜 "왜?"의 물음을 멈추지 못하는가.

묻지 않고도 일월성신은 우리에게 시간의 길을 내고,

따지지 않고도 산천초목은 우리에게 삶의 길을 튼다.

이로써 주는 깨우침이 있으니,

진정 사랑하려면 "때문에"를 잊어야 한다는 것이다.

사실의 신화

분과학分科學의 탐구가 정당화되는 데에 필요한 전제는 〈사실〉이 존재한다는 것이다. 나는 여기서 괄호에 특별한 의미를 부여하려 한다. 곧 특정 사실을 연관 총체성에서 분리시킨다는 뜻을. 그런데 이 〈사실〉의 괄호 벗기기는 끝없이 유예되면서 그것을 탐구하는 학문 자체도 추상 속에 고립되고 만다.

화이트헤드에 따르면 〈고립된 사실〉이라는 개념은 하나의 신화에 지나지 않는다.

고립되어 있는 단일한 사실이란 유한한 사고, 즉 총체적인 것을 포섭하지 못하는 사고가 필요로 하는 최초의 신화이다. 그런 사실이 신화적인 성격을 지니게 되는 까닭은 그런 사실이 존재하지 않는다는 데에 있다. 연관성은 모든 유형의 모든 사물들이 지니고 있는 본질에 속한다. 사물들이 연관되어 있어야 한다는 것은 유형에 있어 본질적이다. 연관성을 사상하는 것은 고찰되고 있는 사실에서 본질적인 요소를 도외시하는 것이다. 단순히 그 자체로서 고립되어 존재하고 있는 사실이란 없다. [1]

이 주장이 옳다면 모든 분과학 또한 신화학 이상일 수 없다. 〈사실〉

은 괄호를 벗고 생활세계의 지평 위에서 구체화되어야 하고 그 연관 맥락 즉 사태로 환원되어야 한다. 여기서 사실과 사태의 관계는 생명과 생태의 관계와 유비 시켜볼 수 있다. 생태적 연관을 상실할 때 생명체가 추상화되듯이 사태의 총체성에서 떨어져나온 사실은 관념의 안개 속에서 신화화되고 만다.

우리는 여기서 지성사에서 학문을 최초로 '위기의 술어항'에 연결시켜 고찰했던 현상학자 후설이 왜 '사태 자체로zu den Sachen Selbst!'를 그토록 집요하게 복창했는지 이해할 수 있게 된다. 자연주의적 오류naturalistic fallacy에 빠져있는 모든 학문들의 대상에 대한 실증적 탐구란 결국 〈사실〉이라는 신화에 대한 환상적 접근에 지나지 않으니 말이다. 이런 맥락에서 본다면 저 현상학의 모토가 겨냥하는 것은 산산이 깨어져 버린 연관 총체성의 복원 이외의 다른 것일 수 없다. 이것을 통해서만 사실은 고립된 신화의 굴레를 벗어던질 수 있고 동굴 안에 유폐된 분과학은 '이미지로 밖에는 볼 수 없는 자신'의 현실에 눈 뜰 수 있게 되기 때문이다.

문법

비트겐슈타인은 이런 물음을 던진 적이 있다. "어떤 사람은 사람들을 구매자와 판매자로 나누고서는, 구매자들이 판매자들이기도 하다는 점을 잊어버린다. 만일 내가 그에게 그 점을 상기시킨다면 그의 문법이 바뀔까?"[2] 대체로 전문가들은 사람들을 전문가와 비전문가로 나누고서는 전문가가 비전문가일 수 있다는 사실을 잊어버린다. 그래서 우리는 비트겐슈타인의 물음을 이렇게 바꿔 물을 수 있을 것이다. "만일 우리가 그 사실을 전문가들에게 상기시킨다면 그들의 문법이 바뀔까?"

이 경우 망각 속에서 깊어진 언어의 역사가 문제 될 것이다. 동굴 안에 유폐된 분과학의 언어들은 그 긴 역사 속에서 이제는 서로가 서로에 대해 이방 언어가 되어 상호 간에 소통 불능의 상태로 떨어지고 말았다. 소통 불능의 상태에서 한 언어는 더 완고한 형태로 안정되어간다. 그러면 어떻게 이것을 소통 가능한 언어의 문법으로 바꿔놓을 수 있을까. 우선 동굴 벽면에 고정된 분과학 전문가들의 시선을 동굴 바깥쪽으로 돌려놓는 데에서 시작해야 한다.

인류사에서 모든 혁명은 '바깥의 존재'를 아는 데에서 시작되었다. 종종 이 바깥에 대한 앎은 초야에 묻힌 필부까지도 모험에 생을 거는 풍운아로 만들어놓을 수 있다. 그러니 하물며 문법쯤이랴.

돈키호테의 꾐에 빠져 모험과 편력의 길을 나서기 전에 산초는 밭마지기나 일구며 처자식과 더불어 안정된 일상을 살아가던 농부였다. 그런데 돈키호테는 이 선량한 농부에게 다른 세계로 나아가는 것을 두려워하지 말고 모험을 거부하지 말아야 한다고 꾄다. 자신을 따라 마을 바깥의 풍진만장한 편력의 세계로 나선다면 장차 자신이 정복하게 될 땅의 성주로 책봉하겠다고 유혹했던 것이다.

한 인간으로 하여 편안하게 길들여진 세계의 문법과 화용론을 버리고 미지의 새로운 것들을 찾아 떠나도록 하는 이러한 꼬드김은 비난받아야 마땅한가. 스페인 철학자 우나무노는 오히려 우리가 모두 이 돈키호테와 같은 유혹자가 되어야 한다고 말한다.

확실히 세상에는 돈키호테가 산초로 하여 다시 그의 안락한 생활을 버리게 하고 그의 평화스러운 직업을 떠나게 하고, 또 헛된 모험을 추구하기 위하여 처자를 버리도록 결심하게 한 데 대하여 돈키호테를 비난하는 사람들이 있을 것이다. (⋯) 하지만 사람들은 그와 가장 가까운 사람들의 마음을 불안케 함으로써 그의 가장 깊은 곳으로부터 정열을 돋구어 주어야 한다. 사람들은 마음으로 하여금 불안을 느끼도록 하여야 하며, 비록 그 노력의 목적이 결코 이루어질 수 없다는 것이 확신되어 있는 때라 하더라도 마음속에 하나의 강력한 동경을 불러일으켜야 한다. 사람들은 산초를 그의 고향으로부터 꾀어내야 하고 그의 처자로부터 떼어내야 하며 그래서 산초로 하여 모험을 찾아 집을 떠나도록 부추기지 않으면 안 된다. [3]

왜 그래야 하는가. 다른 세계와 소통할 수 있으려면 문법이 바뀌어야 하고 문법이 바뀌려면 모국어의 바깥에 나서보아야 하기 때문이다. 그렇다. '바깥'이 중요하다. 어느 학문에서나 쉽사리 이 바깥은 망각되고 만다. 그래서 학자들은 그들이 서 있는 곳이 안이면서 바깥일 수 있고 자신들은 전공자이면서 동시에 비전공자일 수 있다는 사실을 깨닫지 못하는 것이다. 그래서 학문은 돈키호테의 유혹으로 고향마을을 떠나기 전의 산초와 같은 처지로 남겨지게 된다.

이제 처자식과의 평온한 저녁 식사와 더불어 속수무책으로 늙어가는 저 학문에는 돈키호테와 같은 유혹자가 필요하다. 그래야 전문가들은 자기 전공의 협애한 틀 바깥으로 모험을 나서서 세상의 많은 이방 언어들과 소통하려고 애쓰게 되고 그러다가 마침내 자신들의 낡은 문법을 바꿀 수 있게 될 터이니 말이다.

이웃

2000년 부산 국제 영화제에 초청 상영된 빔 벤더스의 영화《밀리언 달러 호텔》에서는 이웃과의 소통을 거부하는 정상인들과 지나친 소통으로 삶 자체가 뒤죽박죽 얽혀서 마침내 살인까지 저지르는 비정상인들의 삶이 대조된다. 이 호텔은 과거에는 이름 그대로 돈깨나 있는 부자들이 머물던 거대한 규모의 호텔이었지만 점점 슬럼화되면서 단 몇 달러의 투숙료로도 잠잘 수 있는 싸구려 여인숙으로 전락되어 갔고 그러다가 마침내는 맨해튼 뒷골목의 집 없는 가난뱅이들이 떼거리로 모여 사는 주거지로 변해버렸다. 대부분은 각자가 닫힌 자기 방에 틀어박혀 자신들만의 삶을 꾸려나가지만 한 무리의 정신쇠약자들은 호텔 로비에 있는 커다란 홀이 무슨 아고라 광장이라도 되는 양 거기서 자신들의 다채로운 삶의 역사를 만들어간다.

거대한 콘크리트로 차단된 벽도 이들의 삶과 소통 방식을 가로막지는 못한다. 가지 많은 나무 바람 잘 날 없듯이 사건과 다툼, 갈등과 화해가 그치지 않고 이어지는 그 밀리언 달러 호텔에서 어느 날 살인사건이 벌어진다. 연방 수사국의 정예요원이 파견되고 사망자의 부친이 사주社主로 있는 매스컴 기자들이 들이닥친다. 그들이 거듭해서 묻는 물음은 하나뿐이었다. '누가 죽였는가?' 그러나 그것은 홀 안에 모여드는 정신 쇠약자들이 묻는 방식이 아니었다. 그들은 단지 '그가 사랑했던 자는 누구인가?'라는 물음을 던지며 꾸역꾸역 몰려들었다가 꾸역꾸역 흩어진다.

이웃 없는 자들의 이웃에 대한 유일한 관심은 삶과 죽음뿐이다. 그래서 이들의 물음은 단순하다. '범인은 누구인가?' 수사관, 매스컴 사주, 기자 등 누구도 이 물음 너머로 나아가지 못한다. 물론 이들이 보여주는 삶 자체도 모노크롬처럼 단순하다. 그러나 서로가 서로에 대해 이웃인 자들의 관심사는 훨씬 다채롭다. 누가 그를 사랑했던가. 그는 누구를 사랑했던가. 그는 죽기 전에 나를 어떻게 생각했을까. 왜 내게 그런 약속을 했는가. 영화는 죽은 자마저 그저 '저쪽에 있는 이웃' 쯤으로 생각하는 이들이 짜내는 무늬의 아름다움을 보여주려 한다.

토니 모리슨의 소설 『푸른 눈동자』의 화자 클로디아가 찾았던 것도 이런 이웃이었다.

> 나의 소망을 이루어 줄 수 있는 힘을 가진 어른들 가운데 나를 진지하게 생각해서 내가 바라는 것이 무엇인지를 물어보았던 사람이 있었다면, 내가 바라는 것은 무엇을 갖는 것이 아니라는 사실을 알았을 것이다. 내가 바라고 있었던 것은 크리스마스에 무엇을 느끼는 것이었다. 진정한 질문은 이런 것이었다. "사랑하는 클로디아, 크리스마스에는 어떤 경험을 하고 싶니?" 나는 이렇게 답했을 것이다. "무릎에 라일락을 가득히 올려놓고, 부엌의 낮은 의자에 앉아서 아버지가 나만을 위해 연주하는 바이올린 소리를 듣고 싶어요." [4]

하지만 오늘날 동굴 안에 머물고 있는 분과학은 '무엇을 갖고 싶으냐?'라는 물음의 주위를 선회할 뿐이다. 학문의 목적은 무엇을 느끼는 것이 아니라 무엇을 갖는 것이고, 그것과 함께 하는 것이 아니라 그것을 분석하는 것이다. 그래서 그것은 이웃을 갖지 못한다. 이웃은 내가 열려질 때에만 만날 수 있는 근접한 타자이기 때문이다.

『열린사회와 적들』에서 칼 포퍼는 이렇게 충고한다. "우리는 쉽사리 동물 상태로 떨어질 수 있다. 그러나 만약 인간으로 남기를 원한다면 오직 하나의 길이 있을 뿐이다. 그것은 열린 사회로의 길이다." [5]

그런데 오늘날 분과학에는 열림이 없고 열림이 없으니 이웃이 없고 이웃이 없으니 사람의 무늬가 없다. 조선조의 개국공신 정도전은 이렇게 말했다. "일월성신은 하늘의 무늬이고 산천초목은 땅의 무늬이며 시서예악은 사람의 무늬이다." [6] 여기서 무늬는 다른 장르와의 차이가 함께 만들어내는 조화 이상의 것이 아니다. 노랑, 빨강, 파랑이 조화를 이루는 것은 그 색채에 서열이 없기 때문이다. 분과학을 구별 짓는 그 차이도 마찬가지이다. 그것이 조화의 모티브로 작용할 수 있으려면 어떤 명분으로도 서열화의 척도로 기능해서는 안 된다.

바깥에 눈뜨고 그 바깥의 이웃에 주목하고 그들과 함께 짜는 무늬에 관심 갖게 되면 분과학의 발문 방식도 달라지게 된다. 대화와 소통의 문제에 더 예민해지므로 상대의 발언을 훨씬 더 진지하게 경청하게 될 것이다. 경계의 애매성을 훨씬 더 잘 견디어낼 것이고 답들의 길어지는 유예에 훨씬 더 관대해질 것이며 학적 탐구의 무목적성이나 무의미성, 인식론적 절망 등을 더 세련되게 버티어낼 것이다.

분과학이 이웃과 함께 짜나가는 무늬에 대한 미학적 감수성은 이런 분위기에서 더 예민해져 갈 것이고 대화의 정열은 한층 강화되어 나갈 것이다.

무늬 짜기

맥락성

고립된 〈사실〉의 신화에서 벗어나서 종횡의 연관망에 탄력적으로 개방되어야 한다. 모든 지평, 관점, 입장 등은 모든 '함께' 모든 '더불어'를 향해 열리지 않으면 안 되고 서로는 서로에 이웃일 수밖에 없는 필연성을 받아들이지 않으면 안 된다. 벗과 이웃을 갖는다는 것은 타자에 대해 좀 더 섬세해지고 관계에서 보다 유연해진다는 것을 뜻한다.

공자에게 섭공이 물었다. "우리 마을의 정직한 자가 있으니 그의 아비가 양을 훔치자 이를 고발했습니다. 참으로 정직하지 않습니까?" 공자가 답해준다. "너희 마을의 정직한 자는 그러냐? 우리 마을의 정직한 자는 다르다. 아비는 훔친 아들을 숨겨주고 아들은 훔친 아비를 숨겨준다. 이게 우리 마을의 정직한 자다."[7] 이때 공자가 해석학적으로 선택하고 있는 '정직함'의 뜻은 묻는 자, 답하는 자, 우리 마을과 너희 마을, 이때와 저때의 맥락에 개방되어있다.

이런 맥락성을 통해 공자는 저 삼엄한 개념의 근본주의나 유가윤리의 엄숙주의에서 빠져나오고 있을 뿐 아니라 심지어 공자학 자체로부터도 빠져나오고 있다. 마치 마르크스가 "나는 마르크스주의자가 아니다."라고 선언했을 때처럼.

어쨌든 무늬를 짜기 전에 우리는 먼저 동굴을, 고향 마을을, 그리고 지금 자신이 서 있는 협애한 지평을 빠져나올 수 있어야 한다.

헛손질

학문은 이제 탐구의 태도뿐 아니라 애무의 태도도 함께 갖춰나가야
한다. 탐구는 우리가 흔히 화두를 붙들고 용맹정진하는 수도승의 참
선 공부처럼 하나의 학술적 타겟을 향해 일사불란하게 접근해가는
태도를 말한다. 그러나 애무는 종착점을 지니지 않는 출발이며 목적
없이 더듬는 손길이고 신체 위의 기약 없는 배회이고 그러면서도 팽
팽한 긴장 속에서 시도되는 서성거림이다. 나는 애무의 이런 뜻들을
레비나스로부터 암시받았다.

> 애무는 주체의 존재 방식이다. 애무를 통해 주체는 타자와의 접촉에
> 서 단지 접촉 이상의 차원으로 넘어간다. 감각 활동으로서의 접촉은
> 빛의 세계 일부를 형성한다. 하지만 올바르게 말하자면 애무를 받는
> 대상은 손에 닿지 않는다. 이러한 접촉에서 주어지는 손의 미지근함
> 이나 부드러움, 이것이 애무에서 찾는 것은 아니다. 이러한 애무의 추
> 구는, 애무가 찾는 것이 무엇인지 모르고 있다는 사실을 그 본질로
> 구성한다. '모른다'는 것, 근본적으로 질서 잡혀 있지 않음, 이것이 애
> 무에서 본질적인 것이다. (…) 애무는 아무 내용이 없는, 순수한 미래
> 를 기다리는 행위이다. [8]

내가 엉뚱하게도 학문에서 이 애무를 무늬 짜기의 단서로 삼으
려는 이유는 이것이 탐구대상에 속박되고 시각 중심주의에 사로잡
힌 학문의 도구적 합목적성을 넘어서는 어떤 차원을 보여주고 있기
때문이다.

현재 이 땅에서 학문의 위계질서를 장악하고 있는 신자유주의자,

실용주의자들은 단 한 번의 헛손질도 용납하지 않는다. 신체 표면 위로 정처 없이 배회하고 서성이는 손길이라니 당치 않은 것이다. 손을 뻗으면 잡아야 하고 거두면 놓아야 한다. 투입이 있으면 산출이 있어야 하고 조건이 있으면 결과가 있어야 한다. 이런 상황에서 학문은 도구로 굴러떨어지고 도구였던 것은 학문으로 격상된다. 결국 입사용 취직 영어가 영문학을 몰아내고, 경영학이 경제학을 쫓아내고, 임상의학이 기초의학을 방출하기에 이른 것은 이 때문이다.

학문이 함께 사람의 무늬를 짤 수 있으려면 애무의 싱그러운 더듬거림과 현란한 헛손질들을 버틸 수 있어야 한다. 내용 없이 순수하게 미래를 기다리는 행위들을 참고 견딜 수 있어야 한다는 말이다. 감각적 접촉도 마침내 저 빛의 세계로 통할 수 있다는 믿음에서.

임상성

『플라톤의 대화편』「유티프론」에는 자신의 일꾼을 죽인 아비를 고발하러 가는 유티프론과 소크라테스의 대화가 나온다. 소피스트 유티프론의 논리는 선명하다. 그에 따르면 살인을 범한 부친의 범죄를 정의의 이름으로 고발하는 것이 신에 대한 경건의 의무를 다하는 것이다. 소크라테스가 묻는다. "경건이라니 무슨 뜻인가?" 유티프론도 주저 없이 답한다. "경건이란 바로 내가 지금 실행하려는 행동, 즉 살인이나 신성모독 등을 범한 자는 그가 아비든 어미든 고소하는 것이고 불경은 그 반대의 경우다."[9] 그러자 곧 소크라테스는 유티프론의 경건 개념은 부자간의 잘못 설정된 특수한 관계에 신의 존재를 끌어들임으로써 오히려 신에 대한 불경을 저지르고 있을 뿐이라고 그를 설득한다.

여기서 소크라테스가 보여주는 철학적 견해는 확실히 우리가 소크라테스주의나 플라톤주의로 이해하는 보편적 절대주의와 모순된다. 그러나 소크라테스는 보편주의이기 때문에 그것을 선택했던 것이 아니라 그것이 대부분 인간들의 정신적 질병 상태를 치유하는 데에 탁월한 약효를 갖고 있기 때문에 그것을 선택했던 것뿐이다. 말하자면 오늘날 철학사에서 정리된 소크라테스주의는 그가 사회적 병소의 치유나 문제상황의 해결을 위해서는 언제든지 벗어던질 수 있었던 외투에 지나지 않았다.

사람의 무늬를 짜는 데에서 예수가 보여주었던 저 탁월한 미학적 안목이 간과되는 것은 아쉬운 일이다. 그는 안식일에 병자를 고치고 고통받는 자들의 마음을 치유해줌으로써 율법주의의 저 밋밋한 단색천에 아름답고 다채로운 무늬들을 짜 넣는다. 그는 왜 착한 사마리아 사람의 선행을 찬양했던가. 타자가 아픔을 겪고 있는 임상의 현장은 모든 계율, 가치, 원칙, 규범에 앞선다고 믿었기 때문이다.

학문에서나 직업에서 우리는 과연 이런 임상적 감각들을 지니고 있는가.

화해

영상시대의 도래가 인문학의 몰락과 맞아떨어지면서 양자의 갈등이 심상치 않다. 철학, 역사, 문학 관련 강좌들은 추풍낙엽처럼 줄줄이 폐강되는데 영화나 미디어 관련 강좌는 강의실마다 문전성시다. 영상은 인문학의 시체 위에 피어나는 꽃인가. 밋밋하게 제본된 텍스트 안의 활자가 저 현란한 이미지와 강렬한 사운드에 도전하는 건 어찌 보면 처음부터 게임이 안 되는 싸움이다.

노회한 인문학은 이렇게 해서 원치 않는 화해의 길을 택한다. 어떻게 화해할 것인가. 관형어 '영상'을 무차별 갖다 붙이거나 연접조사로 묶어 강좌 타이틀을 어색한대로나마 조합해보지만 그 '슬픈 튀기'나 '적과의 동침'은 학생들의 서툰 눈썰미로도 쉬 들켜버리고 만다. 여기서 항용 지적돼온 문제는 사유와 이미지 사이에 놓이는 상호소통에서의 장애다. 접속코드의 알고리즘을 연산화 하는 일이 쉽지 않은 것이다.

이를테면 언어기표들은 상상력을 들쑤시고 비틀고 부추기면서 사유의 변경을 넓혀가지만, 윤곽선 안에 닫힌 영상 이미지들은 사유를 시계視界 안에 가둘 뿐이라는 사실을 지적해볼 수 있다. 물론 이 중거는 문학작품을 영화화한 작품들에서 쉽게 찾아볼 수 있기는 하다. 가령 원작을 가장 충실하게 영상화한 것으로 정평이 나 있는 클로드 샤브롤 감독의 《보바리 부인》의 경우도 예외가 아니다. 시퀀스마다 흐르는 강박은 플로베르적 문체의 숨결을 어떻게 덜 죽이면서 이미지로 연산해낼 것이냐 하는 것이다.

원작 소설에서 샤를이 엠마를 처음으로 만났을 때, 그 묘사는 클로즈업 숏이나 다른 미장센 등의 영상 이미지로써는 표현할 수 없는 어휘들로 이루어진다.

그녀에게 가장 아름다운 것은 눈이었다. 눈빛은 갈색이었으나 속눈썹 때문에 검게 보였다. 눈초리는 천진할 정도로 대담해서 사람의 눈을 거침없이 똑바로 쏘아보았다. [10]

확실히 언어는 미장센 단위의 정보로만 연속되는 영상으로는 도저히 솎아낼 수 없는 엄청난 디테일을 표현할 수 있다. 그리고 상상력은 여기에서 자극받고 기동한다. 그것은 몇 단계의 매개항을 우회해서 어떤 심상의 이미지에 도달함으로써 우리의 사고 근육에 다채로운 굴곡, 주름들을 새긴다. 우리가 흔히 섬세함, 성숙, 문화라고 부르는 것들은 이렇게 해서 생겨난 사유의 굴곡진 주름들을 부르는 다른 이름들에 지나지 않는다.

하지만 다르게 볼 수도 있다. 영상과의 화해는 어차피 마주해야 할 모험이고 지금 우리는 승부를 걸어야 할 지점에 내몰려있다. 엠마 역의 이사벨 위페나 로돌프 역의 크리스토프 말라브아의 표정연기는 또한 플로베르의 원작 텍스트를 넘어서는 또 다른 예술의 차원을 열어 보여주기 때문이다. 영상이 언제나 사유를 제약한다는 주장도 이미지의 윤곽을 의미의 저항선으로 받아들이는 편견의 산물에 지나지 않는다.

하이데거에 따르면 예술작품에서 형상의 윤곽들은 확정되고 완결된 역사 같은 것이 아니다.[11] 그것은 감추려는 대지와 드러내려는 세계 사이에서 언제나 새롭게 시작되는 싸움일 뿐이다. 작품 안의 선들은 찢어내는 것이고 열어놓는 것이며 또한 풀어놓는 것이다. 이런 주장은 영상 이미지들의 윤곽선이라고 예외는 아닐 것이다.

만일 영상 이미지들도 이러한 형상의 특성을 지니고 있다면 그들 또한 다양한 담론의 어휘들과 다채롭고 빛나는 무늬들을 이뤄나갈 수 있을 것이다.

가령 영화《거짓말》에서 보여주는 장선우의 상상력을 보라. 작품 중간중간 몽타주되는 배우의 영화 외적 독백, 서툰 내레이션, 다듬어지지 않은 연기 등은 영화 안에 있는 '영화 바깥' 즉 메타 공간을 드러내 준다. 물론 서사의 리얼리티는 다소 완충되고 교란되지만 영화의 안과 바깥, 허구와 사실 등이 이 메타 공간에서 소통되면서 영상들은 더 단단해지고 건강해진다. 이런 영상들은 확실히 문자 텍스트와는 다른 무늬들을 직조해낸다.

비록 그것이 형극의 힘겨운 길일지라도 이제 학문 특히 인문학은 영상 이미지들과 겸허하게 화해하는 방도를 찾아야 한다.

아름다운 무늬

그러나 학문의 무늬 짜기를 위한 학제적 연대가 학의 정체성 자체를 와해시킬 만큼 발본적 이어서는 안 될 것이다. 연대를 가능케 하는 학의 복수성, 차이성, 다원성은 마지막까지 유지되어야 한다. 다시 말해서 분과학을 가르는 차이, 벽, 막 등의 변별선은 지켜져야 한다는 것이다.

조건 없는 포스트모던적 해체는 학문의 약육강식으로 이어질 게 불 보듯 뻔한 일이기 때문이다. 인문학에서 영문학이 제왕이 되고, 사회과학에서는 경영학이 패자가 되고, 자연과학에서는 공학이 군주가 되는 학문의 왕국에서 살아가야 한다면 우선 나는 그 학문 권력의 독재 때문이 아니라 무늬가 부재한 미학의 빈곤 때문에 망명의 길을 택하겠다.

같은 맥락에서 우리는 학문을 단순한 시장경제의 수급논리나 권력 게임의 판세에 떠넘기려는 세력과 그들의 음모들에 대해 마지막까지 저항해야 한다.

끝으로 학문의 과잉 분화 또한 경계해야 할 함정일 것이다. 분과학 상호 간의 이종교배가 새로운 분과학을 탄생시키는 일이야 환영할 일이지만 그러한 시도들이 과잉으로 이루어져 학문의 정체성이나 공동체의 존립이 위협받을 규모로 확산되어서는 안 될 것이다.

학제적 대화와 학제간 무늬 짜기는 이제 위기에 처한 학문이 살아남을 유일한 대안으로 보인다. 니체는 "진리로부터 멸망 당하지 않기 위해서 우리에게는 예술이 있다."고 말했다. 이제 학문도 '그것은 무엇인가?'의 물음만 반복할 것이 아니라 한번은 단호하게 멈춰 서서 '우리는 얼마나 아름다운가?'라는 물음도 던질 수 있어야 한다.

죽은 나무 꽃피우기

그냥 놔둬야 하는 것들의 목록,

한 마리의 새가 하늘로 나는 것,

나무 한 그루가 벌판에 서 있는 것,

꼬맹이가 천진하게 미소 짓는 것,

한 자락 청량한 바람이 이는 것,

존재가 존재로 남는 것,

신비가 신비로 남는 것 등등.

죽은 나무

우리에게 잘 알려진 타르코프스키의 영화 《희생》의 아이콘은 해변에 심은 죽은 나무다. 알렉산더는 막 편도선 수술을 마치고 목에 붕대를 한 철부지 아들 고센을 데리고 해변의 도로 옆에, 죽은 나무 한 그루를 심으면서 한 수도승의 이야기를 들려준다. "옛날 어느 수도원에 팜베라는 이름의 수도승이 있었다. 그가 제자 조안 코롭에게 산에 죽은 나무를 심고 매일 한 양동이의 물을 주도록 했지. 그랬더니 삼 년 뒤에 죽은 나무에서 꽃이 만발하게 피어났단다."

알렉산더가 고센의 도움을 얻어 심고 있던 나무는 죽어서 앙상한 가지만 남은 5m 남짓 크기의 것이다. 위로부터 키 삼분의 일 가량에서 가지 몇 개가 뻗어나 있고 그 가지로부터 무수한 잔가지가 엉키듯 돋아있다. 롱 숏으로 잡은 이 지극히 서정적인 미장센은 이 영화가 어떤 반복의 심상치 않은 메시지를 함축하고 있다는 사실을 암시한다.

제삼자가 알렉산더와 고센 부자의 독백적 대화에 끼어든다. 늙은 우체부 오토다. 그가 나타남으로써 알렉산더가 오늘 생일을 맞은, 유능한 미학 교수이자 연극 평론가이며 수필가라는 사실이 드러나게 된다. 오토가 알렉산더와의 대화중에 우연히 차라투스트라와 난쟁이의 대화로써 표현되는 '니체의 영겁회귀 사상'을 언급한다. 무심결에 끌어들인 심오하면서도 난해한 철학자의 이 사상을 그는 이렇게 요약한다. "니체에 따르면 삶은 연속 공연하는 연극 같은 것이죠."

영화는 알렉산더, 고센 부자가 심은 '죽은 나무'로 시작하여 그것으로 끝난다. 그래서 알렉산더와 고센은 팜베와 조안 코롭이 주연했던 연극을 재연하고 있는가. 이 물음에 답하기는 쉽지 않다. 끝 대목에서 알렉산더는 정신병원에 붙들려가고, 철부지 아들 고센은 혼자 힘들게 양동이에 물을 들고 와서 죽은 나무에 붓고 그 나무 아래 드러눕는다. 영화의 마지막 장면은 내내 익스트림 롱 숏으로만 보여주던 나무를 익스트림 클로즈업으로 보여주는 것으로 끝난다. 꽃이 필 가망은 없다. 잔가지에 나뭇잎사귀의 새순이 돋아날 기미도 없다. 그래도 나무의 잔가지 사이로 희미하게나마 작은 생명의 징후라도 일렁이는가. 이 물음에 대해서조차 우리는 답을 유보해야 한다. 왜냐하면, 마침 태양이 바다 수면 위로 화사하게 쏟아지면서 만들어내는 눈부신 배경은 클로즈업으로 붙잡은 나뭇가지들의 윤곽선들을 속절없이 허물어버리기 때문이다.

어쨌든 죽은 나무 꽃피우기는 이 영화가 다루고 있는 흥미로운 화두다. 안드레이 타르코프스키는 어떤 제의적 행위로서의 희생을 이 화두의 맥락 위에서 조명해보고 싶었던 것 같다. 서지학적 정보에 따르면 이 화두에 대한 발상은 그의 일기에 남겨진 한 짧은 메모에서 시작된다. 우리에게 『순교일기』로 알려진 그의 일기 1982년 3월 5일자 메모에 보이는 내용은 다음과 같다.

피반다 출신의 파베라는 이름을 가진 수도승이 한번은 말라죽은 나무 한 그루를 가져다 산 위에 흙을 깊이 파고 심었다. 그리고서 요한

상처의 인문학

128

콜로그에게 이 앙상한 나무에 매일 한 양동이씩 물을 주되 나무에 다시 열매가 맺힐 때까지 주라고 일렀다. 그러나 물가는 멀리 떨어져 있었다. 그래서 요한은 저녁때 다시 돌아오기 위해 아침 일찍 출발하지 않으면 안 되었다. 3년이 지난 후 나무는 싹이 나기 시작했고, 열매를 맺기 시작했다. 노 수도승은 열매를 따 교회의 수도자들에게 가져다주면서 이렇게 말했다. "어서 이리들 와서 순명의 열매를 맛보도록 하시오." - 『교부들의 생애』에서. [1]

물론 여기서 타르코프스키는 '죽은 나무 꽃피우기'를 단순한 미학적 취향이나 요술적 기행으로 간주하지 않는다. 명확히 말하자면 그것은 '세계를 바꾸는 혁명'의 단서다. 그에게 이 세상은 죽은 나무와 같다. 이 죽은 나무를 살리기 위해서 타르코프스키가 제안하는 방법은 두 가지다. 하나는 매일 양동이로 물을 주는 것 같은 어떤 보살핌이고, 다른 하나는 자신 혹은 자신의 소중한 것을 버리는 어떤 형태의 희생이다. 전자는 고센이 후자는 자신이 떠맡는다. 알렉산더는 아들 고센에게 이렇게 말한다. "가령 누군가가 매일 아침 7시 화장실에 가서 컵에 물을 받고 그걸 변기에 붓기를 거듭하면, 그러면 세상이 바뀐다." 영화의 마지막 장면이 보여주는 것은 어쨌든 고센이, 부재한 아버지가 가르쳐준 교훈을 실천함으로써 이 '죽은 세상'이라는 나무를 살리려 애쓴다는 것이다. 아마도 이러한 제의적 행위는 헌신이라는 이름의 희생보다 더 더디고 불확실할 수는 있으나 생명과 혁명을 희구하는 무력하고 유한한 인간이 선택할 수 있는 유일한 길인지도 모른다. 어쨌든 알렉산더가 선택한 희생의 길은 죽은 나무의 세상 안에서 무모한 시도로 판정된다.

자전거

자전거와 자동차

우체부 오토가 처음 화면에 등장할 때, 그가 타고 있었던 것은 자전거였다. 그는 자전거를 타고 알렉산더, 고센 부자의 주위를 빙빙 돌다가 "악명 높은 난쟁이 얘기를 아느냐"며 자전거를 멈춘다. 알렉산더가 영문을 몰라 하자, 오토는 다시 "아니 왜, 차라투스트라를 졸도시켰던 그 난쟁이를 모르느냐"고 다그친다. 그러면서 오토는 자전거에서 내려 그것을 잔디에 눕히고 바닥에 주저앉는다. 그때 바닥에 놓인 자전거의 둥근 바퀴 왼쪽 부분이 반쯤 가려진 채 오토와 알렉산더 사이에 의미심장한 기표처럼 부각된다.

오토가 니체의 심원한 사상 중 하나인 영겁회귀에 대해 알렉산더에게 장광설을 늘어놓을 때, 자전거 바퀴는 고센에 의한 모종의 조작 속에 맡겨진다. 이 장면이 흥미롭다. 영화의 전개 맥락에서 보면 두 사람이 니체 철학을 주제로 나누는 심각한 대화보다 고센이 천진한 장난을 위장하여 침묵 속에서 도모하는 행동의 의미가 더 중요하기 때문이다. 주저앉은 오토, 엉거주춤 서 있는 알렉산더, 그리고 사이에 놓인 자전거 바퀴는 모두 정지 상태로 카메라에 잡힌다. 고센만이 그 장면에서 부지런히 움직이며 그 미장센에 탄력을 준다.

고센은 우선 한쪽 끝이 잔목 가지에 묶인 새끼줄의 다른 끝으로 자전거 바퀴살을 묶는다. 꼬마의 몸짓은 거기서 끝나지 않는다. 자전거 바퀴를 끌어안기도 하고, 안장을 만지기도 하면서 바퀴살 위에 몸을 얹은 채로 그 곁에서 떨어지지 않는다. 알렉산더와의 대화를 대강 마친 뒤 오토가 무심결에 자전거를 집어 들고 타고 달려 나가자 묶어놓은 끈의 관목 가지가 부러지고, 자전거는 끈이 묶인 바퀴살 하나가 떨어져 나간다.

이때 떨어져 나간 바퀴살 하나 때문에 나중에 이 자전거를 타고 정체 모를 하녀 마리아의 집으로 달려가던 알렉산더는 조심하라는 오토의 경고에도 불구하고 결국 옷자락이 그곳에 끼어 길 위의 물웅덩이로 넘어지는 횡액을 당하게 된다. 물론 이렇게 넘어지면서 더러워진 손과 옷은 마리아의 정성스러운 보살핌을 끌어내는 계기로 작용한다.

알렉산더, 고센 부자는 영화의 첫 시퀀스에서 타자와 두 번 마주친다. 한번은 자전거를 탄 오토이고 다른 한번은 자동차를 탄 빅터(알렉산더의 친구인 의사)이다. 여기서 오토와 빅터 사이에 놓이는 모든 차이는 자전거와 자동차 사이에 놓이는 모든 차이에 대응한다. 집이 불타는 마지막 장면에서 알렉산더의 자동차도 불에 타고, 발을 동동 구르면서도 지켜볼 수밖에 없는 사람들처럼 빅터의 자동차도 속수무책으로 장면 한 쪽에 내팽개쳐져 있지만 자전거만은 마리아를 태우고 상황을 횡단선으로 가로지르면서 탄력 넘치게 질주한다.

아인슈타인은 아들에게 보낸 한 편지에서 이렇게 말한다. "삶은 자전거 타기와 같다. 균형을 지키려면 계속 움직여야 한다." [2] 영화의 등장인물들은 마치 여기서 '균형을 지키려면'을 '삶을 지키려면'으로 바꿔야 하는 것처럼 부지런히 움직인다.

오토는 알렉산더에게 마리아의 집으로 가도록 부추길 때, 반드시 자전거를 타고 가라고 두 번이나 반복하며 강조한다. 결국 영화에는 두 종류의 인물이 있다. 하나는 자전거를 타는 사람이고 다른 하나는 자동차를 타는 사람이다. 자전거 타는 사람은 알렉산더, 오토,

마리아이고, 자동차 타는 사람은 빅터, 알렉산더의 부인 아델라이데,
딸 마르타, 그리고 병원 직원들이다.

자전거를 타고 마리아를 찾아간 알렉산더가 마리아와 사랑을 나
누는 장면은 이 영화에서 가장 신비스러운 장면 중 하나다. 두 사람
은 마치 공중 부양하듯이 방 한가운데서 붕 뜬 채로 빙빙 돌며 섹스
를 한다. 무슨 의미인가.

이 영화에서 자전거는 하나의 근본 사상을 암시하는 기호로 해석
해야 한다. 그것은 니체의 영겁회귀 사상이다. 이것은 오토의 첫 등
장에서도 충분히 암시되고 있다. 영겁회귀 사상은 니체의 『차라투스
트라는 이렇게 말했다』에서도 종종 바퀴살을 지닌 원환의 이미지로
등장한다. 그리고 영겁회귀 사상은 중력에 대한 저항, 즉 무거운 정신
에 대한 반항에서 출발한다.

바퀴와 영겁회귀

니체가 주장한 '동일한 것의 영원한 회귀'는 『차라투스트라는 이렇게
말했다』 제3부의 한 장 「유령과 수수께끼」에서 차라투스트라와 난
쟁이의 대화를 통해 암시된다. 영화에서 우체부 오토가 말하는 바로
그 차라투스트라와 난쟁이다. 저주받은 무거운 정신인 난쟁이가, 웃
음, 노래, 춤을 설파하고 존재의 참을 수 없는 가벼움을 찬미하며 위
로 날아오르려는 차라투스트라에게 이렇게 말한다.

차라투스트라, 그대 지혜의 돌이여, 너는 자신을 높이 하늘로 던져 올
렸다. 하지만 던진 돌은 반드시 떨어져야만 한다. 오, 차라투스트라, 그
대 지혜의 돌이여, 그대 던지는 자의 돌이여 Schleuderstein, 그대 별의 파괴

자여, 그대는 그대 자신을 저토록 높이 던져 올렸다. 그러나 무릇 모든 던져진 돌은 떨어져야만 한다. 결국 너 자신에게 떨어져 너를 쳐 죽일 것Steinigung이다. 오, 차라투스트라여 너는 돌을 저토록 높이 던져 올렸 건만 그러나 그것은 곧장 너에게로 떨어지리니. [3]

여기서 난쟁이는 중력의 정신, 즉 무거운 정신의 소유자요 악령이 다. 이 난쟁이의 장광설에 잠시 의기소침했던 차라투스트라는 곧 위 대한 파괴자인 용기Mut의 지원을 얻게 된다. 니체 특유의 어법으로 의 인화되는 용기는 이렇게 말하는 목소리이다. "그것이 삶이었던가? 좋 다! 다시 또 한 번!" 이 용기의 말에 힘을 얻은 차라투스트라가 난쟁 이를 반박하게 되는 사상이 곧 '영겁회귀 사상'이다.

보라 이 순간을! 이 순간이라는 출입구로부터 길고 영원한 골목길이 뒤로 나 있다. 우리 뒤로 하나의 영원성이 놓여있다. 달릴 수 있는 모 든 것이 이미 한번은 결단코 이 골목길을 달려가지 않았던가! 일어 날 수 있는 모든 일이 이미 일어나고 행해지고 또한 돌파되지 않았던 가! 그런 까닭에 모든 것이 이미 있는 것이라면 (…) 우리 모두는 이 미 존재했어야 하는 것 아닌가 (…) 우리는 영원히 회귀해야 하는 것 아닌가. [4]

이 인용문을 통해 우리는 니체의 이 난해한 심연의 사상이 무엇 보다 난쟁이로 상징되는 무거운 중력의 정신에 항거하기 위해 착상된 어떤 것임을 짐작할 수 있다. 모든 것이 이미 존재했고, 모든 것이 이 미 이뤄졌던 것이라면 우리는 참을 수 없는 존재의 가벼움으로 삶의 순간순간들을 향유할 수 있게 된다.

제3부의 다른 한 장 「회복되어 가는 자」에서 그 사상은 더욱 신비한 언어로 표현되어있다.

모든 것이 가고 모든 것이 되돌아온다. 존재의 수레바퀴는 영원히 윤회한다. 모든 것이 죽고 모른 것이 새롭게 피어난다. 존재의 시간은 영원히 질주한다. 모든 것이 파괴되고 모든 것이 새롭게 구성된다. 동일한 존재의 집이 영원히 건축된다. 모든 것이 흩어지고 모든 것이 다시 만난다. 존재의 원환은 저 스스로 충실하다. 존재는 순식간에 시작된다. 모든 여기Hier 주위로 저기Dort라는 공이 굴러간다. 중심Mitte은 어디에나 있다. 영원의 오솔길은 휘어져 있다. [5]

이 시적인 언어로써 니체가 전하려는 메시지를 이해하기는 쉽지 않다. 이것은 단지 오토의 주장처럼 우리의 삶이 결국 같은 무대에서 같은 배우의 같은 연기가 이뤄지는 과정이라고 말하려는 것은 아니라는 게 분명하다. 어쩌면 니체의 의도는 유일한 것의 일회적 사건이 지니는 모든 의미의 무게들이 사실상 동일한 것의 영원한 반복에 지나지 않음을 밝힘으로써 중력으로부터 해방하려는 것, 그래서 그것들을 깃털처럼 가볍게 만들려 했던 것은 아닐까. 어쨌든 확실한 것은 이 영화에서 타르코프스키는 이성 중심주의로 요약되는 데카르트 패러다임을 해체하는 대안으로서 니체 패러다임을 제시하고자 한다는 것이다.

17세기 유럽 지도

오토의 선물

오토가 알렉산더를 위해 마련한 생일 선물은 유리 액자에 담긴 17세기 유럽지도였다. 유리가 반사하는 빛 때문에 내용물이 잘 보이지 않아서 얼핏 그것이 추상화인지 지도인지 판단하기 쉽지 않다. 그 앞에 정면으로 멈춰 서서 유리가 반사하는 빛 너머로 그 안을 천천히 들여다보아야 비로소 그게 무엇인가 알 수 있게 되어있다.

오토의 이 선물은 집 안에 있던 사람들의 정체를 투명하게 드러내준다. 결국 두 부류였는데, 하나는 빛이 반사되는 유리 위에 머무는 시선의 주체들이고 다른 하나는 그 반사의 장애를 뚫고 유리 안의 지도에 다가서는 응시의 주체들이다. 전자에 알렉산더의 부인 아델라이데, 딸 마르타, 그리고 의사 빅터 즉 자동차 타는 사람들이 속한다. 특히 아델라이데가 보여준 태도는 이 부류의 전형이다. 그녀는 처음으로 이 선물을 보았을 때, 이런 질문을 던진다. "이거 진품이에요 복제품이에요?" 그림책을 보고 있다가 오토가 이 커다란 선물을 자전거에 싣고 위태위태하게 걸어오고 있는 모습을 처음 보았던 마르타도 그게 지도나부랭이라는 것을 알자 곧 시선을 돌리고 만다. 빅터 또한 마찬가지다. 그는 그 선물을 단 한 번도 정면으로 응시하지 않는다.

후자에는 물론 오토, 알렉산더, 그리고 마리아 곧 자전거 타는 사람들이 속한다. 그들은 유리가 반사하는 빛 너머로 그 지도 위에 표시된 선 하나하나의 뜻을 날카롭게 꿰뚫어보는 눈길들이다. 이 시퀀스에서 오직 두 사람, 알렉산더와 오토만이 지도 앞에서 한참 동안 무릎을 구부리고 앉아 유리의 반사 너머로 펼쳐지는 지도를 바라본다. 이렇게 응시하는 눈길 앞에 17세기 유럽은 판단중지epoche된다. 여기서 지도 액자의 유리는 이런 방식의 변별 기능을 수행한다. 눈길이 유리 바깥에 머무는 자들의 특징은 자동차를 타고 움직인다는 것이다. 그러나 의식이 유리 안으로 스며드는 자는 자전거를 타고 이동한다. 다음의 역설을 숙고한다면 이 차이는 결정적이다. 바깥에 머무는 자는 그 안에 살고 있는 자다. 하늘과 땅, 산과 강이 자연스러운 것처럼 그 안에 관습적인 삶을 이어가는 것 또한 자연스러운 일이다. 구태여 정색하고 보아야 할 이유가 없는 것이다. 17세기 유럽, 18세기 19세기 마침내 지금의 유럽, 그들 자신이 살고 있는 대지, 그것은 너무도 자연스럽고 당연한 것들이다. 그들에게는 심지어 유럽지도와 세계지도의 차이조차도 중요하지 않다. 말하자면 모든 것은 오십보백보, 그게 그거다.

하지만 그 안을 꿰뚫는 자는 어떤 식으로든 그 바깥으로 나선 자다. 그는 차이에 민감하고 당연한 것으로 받아들이는 모든 것에 거부감을 느낀다. 직시하는 자는 시행착오 끝에 마침내 자유를 획득한다. 17세기 유럽으로부터 자유로운 자는 그것이 또 하나의 자연이라는 사실을 거부하는 자다.

17세기의 유럽 바깥으로 빠져나가는 자동차 길은 없다. 바로 그 유럽이 자동차를 만들었고 자동차 길을 만들었기 때문이다. 그러나 자전거는 '17세기 유럽'을 가로지르며 이방 세계로 민첩하게 넘어간다. 추월된 세계는 투시되고 투시된 세계는 인용부호 안에 묶여든다. '17세기 유럽'에 무슨 일이 일어났던가.

방법

17세기 유럽은 전반기 30년 전쟁이 끝난 뒤 체결된 베스트팔렌 조약 결과에 따라 새로운 질서로 재편된다. 오랫동안 유럽의 강자로 발호하던 합스부르크 왕가는 사양길로 내몰리고 대신 부르봉 왕가의 루이 14세를 앞세운 프랑스가 유럽의 새로운 패자로 등장하게 된다.

　17세기 유럽 정신은 이 권력 국가의 철학자 데카르트의 사상 속에 잘 집약되어있다. 16세기 르네상스 고전주의의 유산, 그 정수를 꿰며 난만하게 숙성해나갔던 데카르트의 사상은 다가오는 18세기 계몽사상의 맹아를 발아시키는 데에 결정적인 단서를 제공한다. 이런 상황은 그의 주저 『방법서설』의 다음과 같은 진술 안에 잘 표현되어있다.

> 기하학자들이 그들의 가장 어려운 증명의 결론을 그 수단에 의존하여 도달하곤 했던 단순하고 손쉬운 추론의 기나긴 연쇄는 나로 하여 다음과 같이 생각하게 하였다. 즉 인간이 그것을 어떻든 해결할 수 있는 모든 것들은 상호 간에 같은 방식으로 연결되어 있어서, 만일 우리가 오로지 거짓된 것을 참된 것으로 잘못 받아들이지 않고, 항상 하나의 진리를 다른 것으로부터 연역 해내는 데에 필요한 질서를 우리 사유 속에 지니고 있기만 하다면, 우리가 도달할 수 없을 만큼 멀리 떨어진 그런 문제들은 없으며 우리가 찾아낼 수 없을 만큼 그렇게 꼭꼭 숨겨진 문제도 없다. [6]

인용문에 표현되어있는 것처럼 전형적인 유럽 17세기 철학자 데카르트의 사상은 인간이 지닌 최고의 예지적 능력 즉 이성을 통해 세상의 모든 비밀을 낱낱이 밝혀내려는 시도로 요약될 수 있다. 그런 목적을 위한 전략이 바로 방법methode이다. 방법은 곧 근대적 정신의 최대 화두로 부상한다. 세계에 대한 이성적이고 합리적인 인식은 곧 논리적이고 체계적인 방법에 의해 실천적이면서도 유용한 결과들을 생산해내게 된다.

데카르트가 엄밀한 회의의 사유 방법을 통해 모든 존재론적, 인식론적 명증성의 절대 근거로서 '사유주체Ego cogito'를 확립시킨 것이야말로 위의 원칙을 엄밀하게 적용한 빛나는 예일 것이다. 아무튼, 17세기 유럽은 이러한 데카르트 정신이 일상의 디테일 안으로 속속들이 침윤되어 나아가는 시기였다.

하이데거는 『숲길』에서 유럽에서의 근대성의 본질은 테크놀로지이고, 그것이 가능하게 되는 형이상학적 배경은 데카르트에 의해 완성되었다고 주장한다. "데카르트의 형이상학에서 처음으로 존재자는 표상화의 대상성으로, 그리고 진리는 표상화의 확실성으로 규정된다."[7] 우리의 세계 안에 존재하는 모든 것들이 대상성으로, 그것에 대한 진리는 우리 의식에 주어지는 확실성으로 변화된다는 것은 이제 근대적 인간 곧 데카르트의 사유주체가 당연히 세계 구성의 주체가 된다는 것을 의미한다. "세계가 상Bild으로 된다는 것과 존재자의 내부에서 인간이 주체Subjectum로 된다는 것은 같은 과정이다."[8] 이 근세적 자아 즉 데카르트적 사유주체가 마침내 세계구성의 주체로 권력화 되면서 세계는 하나의 표상으로, 조작 처분 가능한 타자로 전락하고 말았다는 게 그의 결론이다. 테크놀로지는 이처럼 세계를 한갓 된 표상으로 포착하는 인간 주체의 성취물에 지나지 않는다.

이 과정에서 요청되는 주체의 능력이 곧, 이성과 질서였다. 결국 우리는 이런 결론에 이르게 된다. 근세 유럽 정신을 성격 지우는 이 특징은 17세기 유럽 형이상학 즉 데카르트적 패러다임의 산물이라고.

이성과 광기

알렉산더가 자신을 희생자로 선택하게 된 결정적인 계기는 하필 자신의 생일에 발발한 전쟁 때문이다. 그러나 이 백척간두의 위기에서 통수권자가 방송을 통해서 전해주는 메시지는 냉철하면서 간결하다. "이 전쟁에서 가장 무서운 적은 비이성, 무질서, 혼란입니다. 질서, 질서, 질서, 질서를 지킵시다. 마지막까지 이성과 용기를 잃지 맙시다."

누가 무엇을 위한 누구를 상대로 하는 전쟁인지는 끝내 밝혀지지 않는다. 하지만 행간의 논리로 판단컨대 이것은 데카르트적 세계관이 니체적 세계관에 혹은 니체적 세계관이 데카르트적 세계관에 던지는 선전포고로부터 시작된 이념 전쟁이다. 통수권자가 규정하는 유일한 적이 무질서, 혼란, 요컨대 니체의 디오니소스적 도취라는 게 그 증거다.

디오니소스적인 것에 대한 탄압의 역사는 헬레니즘의 역사까지 거슬러 올라간다. 그러나 이것이 조직적이고 체계적인 방식으로 광범위하게 자행된 것은 17세기 유럽 사회에서였다. 가령 돈키호테적, 리어왕적 중세의 광기는 이 고전주의 시대에는 더 이상 신령스럽고 어두우면서도 가볍고 즐거운 판타지가 아니다. 그것은 이성과 질서에 대한 위험한 도발일 뿐이다. 미셸 푸코에 따르면 "17세기가 되기 전에 광인에 대한 감금이 시작되었지만 그러나 광인이 유사한 종류의 사람들과 함께 감금되고 억압되기 시작한 것은 17세기부터였다." [9]

푸코는 『광기의 역사』에서 왜 17세기 유럽에서 하필 광기에 대한 그토록 집요한 폭력이 무자비하게 자행되었는가를 몇 개의 가설 아래 추적하고 있다.

17세기 초의 이러한 세계는 이상하게도 광기에 대해서 적대적이었다. 17세기 초의 광기는 사물과 인간의 핵심에서 이루어지는 반어적인 기호였다. 이 기호에 의해서 실재와 망상 사이에는 잘못된 이정표가 놓이게 되었고, 그럼으로써 이 위대한 비극적 위협-혼란을 일으키기보다는 혼란을 당한 삶, 엉뚱한 사회적 소란, 이성의 동요-에 대한 기억은 거의 이루어지지 못했다. 그러나 새로운 요구가 이루어지기 시작했다. [10]

이 새로운 요구란 곧 인류사에 행해진 적 없는 광기, 혼란, 무질서에 대한 체계적이면서 대대적인 탄압이다. 푸코는 이것을 '대감금의 역사'로 명명한다. [11] 푸코에 따르면 17세기 중엽 즉 1656년 프랑스 파리에는 루이 8세의 칙령에 의해 '종합병원'이 탄생하게 된다. 그럴 듯한 명칭으로 호도된 이 대감금의 시설은 곧 프랑스 전역으로 확산되어간다. 이 종합병원의 실질적 임무는 이성과 질서를 해치는 모든 인민을 합법적 제도로써 감금하는 것이었고 당연히 광기의 인간들이 표적이 될 수밖에 없었다. 그들이야말로 이성과 질서에 대한 가장 위험한 도발자들이었기 때문이다.

푸코가 장려한 문체로 적어 내려간 다음과 같은 우울한 결론은 데카르트 패러다임과 니체 패러다임 사이의 전쟁이 왜 그토록 파국적일 수밖에 없는가를 짐작하게 해준다.

감금은 17세기에 고유하며 창조적인 제도적 고안이었다. 그것은 처음부터 중세의 감금과는 무관한 그리고 완전히 구별되는 중요성을 획득하고 있었다. 그러나 비이성의 역사에서 이것은 결정적인 사건이다. 즉 사회적 지평에서 광기가 빈곤, 노동 불능, 치제 내 통합 불가능성이라는 특성에 의해서 파악된 순간이며, 광기가 도시의 한 문제로 여겨지기 시작한 순간이다. (…) 거기에 실제적인 도시의 삶이 중단되고 질서는 무질서와 자유롭게 대면할 수 없으며, 이성을 부정하고 회피하는 것들 사이에서 이성의 방식을 고집할 수 없다. 여기서 이성은 광폭한 비이성에 대한 우위를 통해서 이루어진 개가에 의해서만 순결한 국가를 지배하게 된다. 광기는 르네상스의 지평에서 만개를 가능하게 했던 그 자유를 상실하고 말았다. 불과 얼마 전까지도 광기는 『리어왕』이나 『돈키호테』에서 볼 수 있듯이, 햇빛 아래 활보할 수 있었다. 그러나 반세기도 지나지 않아서 광기는 이성과 군건히 결합된 감금의 요새로, 도덕성의 규칙으로, 그들에게 마련된 단조로운 밤으로 퇴각해 갔다. [12]

영화 《희생》은 이 오랜 싸움의 방식이 20세기에도 여전히 변함없는 전황 속에서 수행되고 있다는 것을 보여준다.

빅터에게 자신이 전직 역사 교사였고 지금은 우체부로 일하고 있다고 소개한 오토는 자기가 또한 '설명할 수 없지만 진실한 일들의 수집가'라고 말한다. 그러면서 그는 우리가 서로 설명을 요구하는 것 때문에 진정 볼 것을 보지 못하는 눈먼 인간들이라 탄식한다. 자신이 수집한 일 중에서 도무지 이성과 논리로써는 설명할 수 없는 기이한 에피소드 하나를 들려준 뒤 커튼이 드리워진 창가로 다가서던 그는 곡절 없이 갑자기 마룻바닥 위로 쫘당 하고 넘어진다. 잠시 후에 정신 차리고 난 뒤에 "유령이 나를 치고 간 것 같다"고 말한다. 빅터가 농담이 지나치다고 빈정거린다. 그러자 오토는 정색하면서 "의사 양반, 이것은 농담이 아니오." 하고 받아친다.

　17세기와 20세기의 차이를 구태여 말하자면, 이런 오토가 정신병원에 후송되지 않고 교사로 일했고 우체부로 일하고 있으며 지금은 알렉산더의 생일 파티에 참석하고 있다는 것 정도다. 그러나 알렉산더는 17세기에는 종합병원이었고 지금은 정신병원인 감금소로 마침내 이송되는 운명을 피하지 못한다.

불타는 집

집들이

죽은 나무를 심고 오토와 헤어진 알렉산더는 고센과 함께 소나무 숲을 걷고 있었다. 잠깐 자동차를 탄 빅터가 스쳐 지나고 다시 두 부자만 숲 속에 남게 되자 다시 알렉산더의 두서없는 독백이 길게 이어진다. '처음 이곳에 여행 와서 우연히 바닷가 소나무 곁의 화사한 집 한 채를 발견하고서 네 엄마와 난 넋을 잃고 바라보았단다. 저 집에서 살다가 죽는다면 얼마나 행복할까 생각했지⋯. 마침 집주인은 저 집을 팔려고 했었고 기적처럼 우리는 그 집을 사서 거기서 너를 낳았단다. 어때 고센, 네가 태어난 저 집이 마음에 드니?' 그런데 '저 집에서 살다가 죽는다면 얼마나 행복할까 생각했지.' 까지만 말하고는 알렉산더가 순간 말머리를 한번 놓치는 일이 벌어진다. 그때 고센이 이상한 반응을 보였기 때문이다. 목 수술로 잠시 벙어리가 된 고센이

무엇인가를 말하려 한다고 느낀 알렉산더는 그것이 '죽는다면…'이
라는 말 때문에 아이가 놀랐다고 판단한다. 그래서 곧 "왜? 죽는다는
말 땜에…? 그까짓 것 겁낼 것 없다…. 아니지, 죽음에 대한 공포는
끔찍한 거란다. 만약 우리가 죽음을 겁내지 않는다면 세상이 달라질
수 있을 텐데."

　『순교일기』에는 《희생》 편집의 마지막 작업이 한창 진행 중이던
1985년 11월 11일 자 메모에 다음과 같은 기록이 보인다. "의사는 나
의 X레이를 전문의에게 보냈다. 어제는 기침하면서 피를 뱉었다. 오
늘은 좀 나았지만, 썩 좋지는 않다."[13] 다시 일주일 뒤인 11월 18일
의 일기는 이렇게 이어진다. "아프다. 기관지염. 그리고 후두부와 근육
에 뭔가 이상한 것이 있어 신경을 압박하고 목과 어깨에 무서운 통
증을 주고 있다." 편집을 거의 다 마친 상태에서 다만 제작자와 상영
시간문제를 놓고 실랑이를 벌이던 11월 30일의 일기에서 타르코프스
키는 다음과 같이 심각한 징후를 토로한다. "나는 환자다. 피검사와
X레이 검사 결과에 대한 종합 정밀진단을 받고 결과를 기다리고 있
다. 왼쪽 폐의 검은 부분 - 좋지 않은 병은 아닐까?"[14] 이 불길한 예
감은 적중해서 약 보름 뒤인 12월 16일 그의 병은 치명적인 폐암으로
판정 났고, 그 뒤 힘들게 투병하던 이 거인은 그로부터 약 일 년 뒤인
1986년 12월 29일 파리의 한 병원에서 삶을 마감한다.

　정밀 검사 결과가 나온 게 1985년 12월 16일이었고 마지막 유작
이 된 《희생》의 첫 메가폰을 들었던 게 같은 해 5월 8일이었으니 촬
영 중에 그의 병은 깊어가고 있었다. 결국 그는 죽음의 공포에 시달
리며 이 영화를 찍어나갔던 것으로 보인다. 가슴 아픈 것은 1982년
소련으로부터 망명한 뒤 유럽의 여러 도시를 전전하던 이 위대한 시

네아티스트가 1985년에야 처음으로 마음에 드는 집을 피렌체에 장만해서 아내와 아들과 함께 행복한 삶을 살아갈 꿈에 부풀어 있었다는 것이다. 치유불능의 폐암 말기로 판정받은 여드레 뒤, 아내에게 자신의 병을 숨긴 채 그녀가 화사하게 꾸며놓은 피렌체의 새집에 처음 들어선 타르코프스키가 남긴 1985년 12월 24일의 일기는 우리의 심금을 울린다.

> 어제 집으로 돌아왔다. (…) 아내는 나를 반갑게 맞아주었다. (아무 의심 없이)아내는 내게 기쁨에 가득차서 자신이 꾸며 놓은 집을 보여주었다. 깜짝 놀라 자빠질 정도로 집 안 구석구석이 예쁘고, 대단히 세련되게 아내의 취향이 배어 있었다. (…) '삶'을 위한 것은 그러니까 모두 준비된 셈이다. 아내는 정월 초하루에 집들이를 할 생각이다. (…) 아내에게는 내년 1월 1일 이전까지는 알리지 않기로 했다. (…) 이탈리아는 항상 나에게 삶의 즐거움을 선사해 주었다. 오늘도 나는 잠시 동안 황홀한 감정에 사로잡혔다. 나 자신을 잊었다. 마치 나에게 아무런 일도 일어나지 않은 듯이 말이다. [15]

우리가 여기서 타르코프스키의 『순교 일기』를 조금 장황하게 끌어들인 것은 알렉산더의 말처럼 '죽음을 겁내지 않음으로써 세상은 달라졌는가?' 그 답을 찾아보기 위해서가 아니다. 그리고 그 숲에서의 독백 시퀀스 중에, 고센이 보인 비상한 반응과 그것을 기호학적으로 풀어내는 알렉산더의 해석의 일치 여부를 살피기 위해서도 아니다. 우리의 관심사는 타르코프스키가 '고센의 비상한 반응' 숏을 어떻게 착상해냈는가 하는 것이다.

어쨌든 아빠의 말에 미동의 반응조차 보이지 않던 고센은 집과 죽음이 연결되어 언급되는 지점에서 특별한 태도를 보인다. 위에 인용한 일기를 보면 타르코프스키도 아내가 아름답게 꾸며놓은 집에 들어서서 '삶을 위한 것은 모두 준비됐다'고 하지 않았던가. 왜 집이 죽음과 연결될 때 편도선 수술로 벙어리가 된 철부지 고센이 그런 반응을 보였는가. 이것은 수수께끼다.

머물기, 짓기, 떠나기

같은 이유로 하이데거가 『강연과 논문』에서 펼치는 다음과 같은 주장도 수수께끼처럼 들린다.

> '나는 있다.' '너는 있다.' 등은 '나는 머문다.' '너는 머문다.' 등을 말한다. 짓는 것, 머무는 것은 내가 있고, 네가 있는 방식 즉 우리 인간이 대지 위에 존재하는 양식이다. 머문다는 것, 그것은 죽게 되는 것Sterblicher으로서 땅 위에 있다는 것을 말한다. [16]

하이데거에 따르면 인간은 짓기 때문에 머무는 게 아니라 머물기 때문에 짓는다. 그러나 머문다는 것은 오직 하나의 진실만을 걸머진다. 그것은 죽게 되는 것, 곧 죽어야 할 자로서 그렇게 한다는 것이다. "죽게 되는 것들은 인간이다. 죽게 되는 것들은 죽을 수 있기 때문에 인간이다." [17] 얼핏 너절한 동어반복 같은 하이데거의 이 언어들은 다음 주장과 연관시킬 때 놀라운 조명 가운데 드러난다. "땅 위에, 하늘 아래, 그리고 신령한 것들Goettliche 앞에 머무르는 한에서만 인간은 죽게 되고 또 영원히 죽을 수 있다." [18] 결국 인간에게서 '죽는다'는 것은 단지 한 개체의 생명 현상이 종식된다는 것을 뜻하는 게 아니다. 그것은 일종의 '집을 나서는 행위'인데 그 집은 이 '죽게 되는 것인 인간'이 세상에 머무르는 동안 벗어날 수 없는 네 개의 축 즉 하늘, 땅, 신령한 것, 죽게 되는 것으로 지은 것Bauen이다. [19]   산다는 것은 그렇게 지어진 것 안에 머무는 것Wohnen이다. 그에 따르면 머무는 것은 그렇게 지어진 것 즉 집을 보살피고 돌보는 것이고, 이런 것은 또 "땅을 구하고, 하늘을 받아들이고, 신령한 것들을 기다리고, 죽게 되는 것들을 끌어주는 것" [20] 이다.

　짓는 것과 머무는 것 즉 집과 거주에 관한 하이데거의 이 수수께끼 같은 담론의 결론은 의외로 단순하다. 우리의 집은 하늘과 땅과 신령한 것들과 죽게 되는 것들로 세워졌으며, 그 안에 머문다는 것은 땅을 공대하고, 하늘을 두려워하고, 신령한 것들에 대한 믿음을 지니고, 이웃들을 보살핀다는 것을 뜻한다.

제의 祭儀

앞에서 살핀 대로 소나무 숲에서 독백으로 주절대던 알렉산더는 잠자코 팔에 안겨있던 고센이 갑자기 이상한 반응을 보인 게 자신이 내뱉은 '저 집에서 살다가 죽는다면 얼마나 행복할까'라는 말 때문이라고 판단한다. 타르코프스키의 『순교일기』에도 언급된 것처럼 새집의 집들이는 삶의 일이고 질병은 죽음의 일이다. 집을 말하면서 죽음을 말하는 것은 아이러니다. 그러나 알렉산더의 잇따른 독백에서 알 수 있듯이 데카르트적 세계관이 낳은 절체절명의 비극 즉 기계문명과 물질숭배의 극한에서 마주치게 된 총체적 파국, 혹은 그 상징으로서의 전쟁으로부터 세계를 구하기 위해서는 어떤 희생적 제의가 필요하다.

알렉산더는 그 제의의 공물로 자신이 '저 집에서 살다가 죽는다면 얼마나 행복할까 생각했던' 집을 선택한다. 그 집에 불을 지르고, 벌건 불꽃이 그토록 애착하던 집을 삼키는 동안 그는 출동한 정신병원의 직원들 손에 붙들려 끌려간다. 하이데거의 논리로 풀자면 그것은 진짜 집을 돌보기 위해 가짜 집을 버리는 희생적 행위이다. 진실로 머무르기 위해 기만적인 거주는 부서져야 하기 때문이다.

영화와 혁명

타르코프스키는 1980년 소련의 한 영화인 대회에서 다음과 같은 엥겔스의 예술론을 인용하면서 스스로 불만스러운 연설을 마친다. "작가의 의도가 숨겨져 있으면 있을수록 좋은 예술작품입니다." [21] 그의 영화가 난해한 것은 이 원칙이 거의 모든 작품 안에 일관되게 적용된 때문인 것 같다. 사실 그의 영화의 미장센은 하나같이 작가의 의도를 숨기기 위한 위장술로 일관되어있는 듯 보인다. 잘 알려진 것처럼 그의 미장센들은 난해하고 혼란스럽고 엉뚱하고 비약이 심한 이미지들로 채워져 있다. 《희생》역시 어떤 유연한 척도로도 논리의 일관성을 끌어내기 힘든 미장센들이 산재해있다. 물론 그런 것 중 일부는 제작자와 상연시간의 협상 과정에서 고육지책으로 잘라낸 필름 탓일 수도 있을 것이다. [22]

하지만 이런 인식은 피상적인 것 같다. 그의 영화를 더 잘 이해하는 데 필요한 작업은 그의 성장사에 대한 보다 많은 정보를 입수하는 것도 아니고, 보다 전문적인 영화이론으로 무장하는 것도 아니며, 관련된 서지학적 자료들을 축적하는 것도 아니다. 우선 시네아티스트로서의 그의 정체성을 '영상 시인'이 아니라 '영상 철학자'로 파악하는 게 중요하다. 그가 남긴 메모들은 이것을 증명해준다. 타르코프스키의 야심은 자신의 작품으로 관객의 영혼을 감동시키는 데 있는 게 아니라 세계를 바꾸려는 데 있었다.

우리가 분석한 이 영화에서도 첫 두 시퀀스의 독백을 통해 알렉산더는 두 번이나 '세계의 변화'에 대해 언급한다. '매일 일곱 시에 일어나 컵에 물을 따르고 변기에 붓기를 거듭하면 세상은 바뀔 것이다.' '죽음을 두려워하지 않는다면 세상은 바뀔 것이다.' 우리의 판단에 이것은 타르코프스키의 심중 깊은 곳에 숨겨진 어떤 의도를 보여준다.

그는 1981년 5월 24일의 일기에 몽테뉴의 『수상록』으로부터 인용한 다음의 문장을 적고 있다. "(…) 철학의 비밀은 시가 갖고 있는 환상적인 창조와 공통점이 많다."[23] 그러나 타르코프스키는 양자 사이에 놓인 차이점을 간과하지 않는 눈썰미도 갖고 있었다.

《희생》은 명확한 논리구도를 갖는 철학 텍스트다. 여기서 그는 데카르트 패러다임의 파국적 성격과 니체 철학의 대안적 특성을 명증하게 대비시키고 있다. 그리고 앞에서 논급했던 것처럼, 죽음과 집의 관계를 언급하는 데서 고센이 비상한 반응을 보이고 알렉산더가 말 머리를 잃어버리는 숏은 그가 영화라는 전혀 다른 길로 하이데거가 도달한 심원한 철학적 통찰의 차원에 이르러 있음을 우리에게 보여준다.

머진 이야기

주변에 버려지거나 내팽개쳐진 것들에서

우리는 얼마나 많은 서사들을 끌어낼 수 있는가.

"그러니 비극의 시작은…."으로

시작될 장강 같은 얘기들은

이토록 평범한 외피들 속에 가려진 채

얘기꾼들의 호명을 기다리고 있다.

계몽

이제 녹색에 시비 거는 사람이 없듯이 생태주의가 환기시키는 위기 담론에 대해 이의를 제기하는 논객도 없다. 인간의 거주처인 이 지구가 총체적인 위기에 처해있고 미구에 어떤 대안이 제시되지 않는 한 회생 불능의 파멸 상태에 이르게 되리라는 점은 대체로 식상하리만큼 '빤한 상식'으로 받아들여지고 있다. 역설적인 것은 이 상식의 빤함 가운데서 그러한 위기들이 속수무책으로 방치되고 있다는 점이다.

지금 유통되는 생태 담론은 두 가지로 유형화해볼 수 있다. 첫째는 전문가의 계몽 담론이고 둘째는 실천 운동가들의 선동 담론이다.

이 세계가 스스로 균형을 취하고자 하는 하나의 거대한 생명체의 위대한 연쇄라는 뜻에서 생태계라는 개념을 처음으로 창안한 탠슬리 이래 전문가들에 의해서 주도되어온 다양한 담론들이 생태주의에 관심을 환기시킨 공적은 과소평가할 수 없다.

그러나 이들의 문제는 계몽의 역사를 지나치게 길게 가져가면서 담론을 패턴화 시켜놓았다는 것이다. 이렇게 상투화된 담론이 어떤 폐해를 낳는지 가령 지금도 매주 주말이면 TV에서 벌어지는 심야 토론 같은 데서 쉽게 확인해볼 수 있다. 사회자가 있고 전문가 몇 사람이 있으며 참관자가 있다. 그리고 TV 화면 밖에는 전화를 걸려 하거나 걸고 있는 그리고 그냥 지켜보는 수많은 시청자가 있다. 이 담론에서 언어의 층위는 저항할 수 없는 구조틀 안에서 계급화 되어있다. 푸코식으로 말하자면 지식과 권력이 연계하는 억압구조가 적나라하게 노출되는 것이다. 사회자는 배제, 금지, 허용, 권장의 방식으로 담론을 통제하는 권력의 주체가 되고 전문가는 프리미엄을 가진 언어와 특권화된 발언권을 행사하는 지식의 주체가 된다. 엄밀하게 말하자면 토론에서 이들만이 말하는 자이고 나머지는 그저 듣는 자들일 뿐이다. 관람자나 시청자가 어쩌다 그들 언어의 틈새를 파고들어 평등한 권리를 주장하며 쟁론하려 들면 그러한 시도는 곧 사회자의 검열과 통제의 표적이 된다. 옳은 말씀이고 좋은 이야기지만 시간 관계상 어쩌고 하며 마이크를 빼앗아버리는 것이다. 그런 다음 은연중에 그 중단된 발언이 짜증이나 히스테리로 분류되어야 하는 것으로 보이게 하는 한두 마디를 덧붙이고 나면 그런 통제는 자연스럽게 정당화된다. 그런 프로그램에 오래 빠져들다 보면 시청자들은 계몽되는 만큼 또한 세뇌되기도 한다.

생태 담론의 경우에도 예외가 아니다. 말하는 자와 듣는 자가 이렇게 분명하게 나누어진 담론 상황은 계몽 프로젝트에서는 유용하나 문제를 실천적으로 해결하려 할 때에는 장애가 된다.

더욱 곤란한 것은 어느 시점에서 환골탈태하지 못하고 거듭되는 식상한 어휘들이 더는 청자들의 귀와 가슴을 붙잡지 못한다는 것이다.

한 생태 전문가의 언어를 인용해보겠다.

"오래전에 쥘 베른은 우리가 땅에서 식량 생산의 한계에 이르게 될 때 우리는 바다로 갈 수 있을 것이라고 하였다. 불행하게도 많은 국가가 지난 수십 년 동안 바로 그러한 일을 해왔다. 1950년에서 1989년 사이에 어획량은 2,200만 톤에서 1억 톤으로 네 배 이상이나 껑충 뛰어올랐다. 그 이후 6년 동안 어획량은 더 늘지 않았다. 유엔의 생물학자들은 17개의 주요 어장을 조사하여, 이 어장들 모두에서 현재 최대한의 용량까지 어업이 진행되고 있거나 이미 용량을 초과하였다고 보고하였다. 13개의 어장은 쇠퇴과정에 있다. 쥘 베른의 예견과 정반대로 우리는 바다에서 먼저 한계에 도달하고 말았다."[1]

물론 『바다 밑 이만리』를 쓴 쥘 베른에게 바다는 먼저 식량의 공급원이 아니라 상상력의 공간 혹은 미학의 오브제였다. 그래서 먹을 것이 떨어진 뭍의 인간의 바다 탐험을 말할 때 그의 통찰이나 직관은 데이터를 통한 추론과 상관없는 상상력에 의존하고 있을 뿐이다.

그러나 인용한 전문가는 쥘 베른이 보여주는 상상력이나 서사의 힘 따위를 신뢰하지 않는다. 그에게 바다란 음풍농월하는 한가한 미학의 오브제가 아니기 때문이다. 바다는 단지 식량의 공급원으로서 어획량의 추이, 그리고 그 관련 데이터들로 표상해 내야 할 그 무엇이다. 그는 그런 방식으로 태평양, 지중해, 대서양, 인도양을, 그리고 그것들이 처한 상황을 우리에게 각성시켜주고 있는 것이다. 물론 이것은 미래의 식량 문제를 안일하게 전망하는 우리의 태도에 경종을 울리는 유용한 정보들임에는 분명하다. 그러나 이런 것으로는 자갈치 시장에서 생선 파는 박씨의 발자국을 단 일 센티도 움직이게 하지 못한다.

자원의 고갈을 경고하는 생태학자가 박씨를 설득하지 못한 것은 당연하다. 문제는 당연함에도 불구하고 그것이 명백한 실패이며 또 그 실패의 원인은 담론을 감당하지 못하는 박씨에 있는 것이 아니라 담론 전략을 참신하게 세우지 못한 전문가에게 있다는 것이 내가 여기서 말하려는 주장의 핵심이다.

대부분의 전문가가 계몽에 성공하고도 설득에 실패하는 것은 그들의 낡고 상투적인 어휘들 때문이다. 이러한 어휘의 상투성 밑에는 또 다른 상투적 믿음이 깔려있으니 가령 미래의 식량 사정을 알려서 식량자원을 귀하게 여기고 바다를 소중히 생각하도록 설득하는 데에는 움직일 수 없는 증거들, 즉 꼼꼼하고 엄밀한 데이터가 설득력을 갖는다는 믿음이다.

현상학자 후설이 지적한 대로 실증과학도 그 자체 하나의 신화에 지나지 않는다. 그런 점에서 기하학적 명증성이 주술적 신비보다 더 진실하다고 말할 근거는 없는 것이다. 그렇다면 우리는 통계 숫자를 꼼꼼히 챙기는 것만큼이나 아니면 그보다 더 공들여서 참신한 어휘와 가슴에 닿는 이야기들을 만들어내야 하지 않을까.

선동

1972년은 두 가지 사건 때문에 행동의 전위에 나선 생태학자나 환경론자들에게 각별한 감회로 기억될 것이다. 두 사건이란 첫째는 생태론에 관한 광범위한 관심을 세계 지성계에 환기시킨 로마클럽의 보고서 「성장의 한계」가 발표된 것이고 둘째는 스톡홀름에서 개최된 유엔 환경회의가 이른바 스톡홀름 선언을 채택함으로써 환경과 생태계의 보호를 세계의 정치 무대에 쟁점으로 부각시킨 것이다.

하지만 이 선언문이나 보고서는 화급하면서 절실한 초미의 쟁점들을 부각시키면서도 그 어휘들은 낡고 구태의연한 것들이었다. 선언문은 헌법 조문처럼 장중한 문체로 일관되어있으며 보고서는 전문 연구논문처럼 복잡한 통계와 도표들로 채워져 있었다.

우리들은 역사의 전환점에 도달했다. 지금이야말로 우리들은 전 세계에서 환경에 미치는 영향에 보다 더 사려 깊은 주의를 하면서 행동해야 한다. 무지, 무관심하다면 우리들은 우리들의 생명과 복지가 의존할 지구상의 환경에 대해 중대하고 돌이킬 수 없는 해악을 초래하게 된다. 반대로 충분한 지식을 가지고 현명한 행동을 한다면 우리들은 우리들 자신과 자손을 위해 인류의 필요와 희망에 맞는 환경에서 보다 좋은 생활을 달성할 수 있다. 환경의 질 향상과 좋은 생활의 창조를 위한 전망은 널리 열려 있다. 지금 필요한 것은 열렬하지만 냉정한 정신과 강력하면서 질서를 갖춘 작업이다. 자연 세계에서 자유를 확보하기 위해서는 자연과 협조하여 보다 나은 환경을 만들기 위해 지식을 활용하지 않으면 안 된다. 현재 및 장래 세대를 위해 인간 환경을 옹호하고 향상시키는 것은 인류에게 있어 지상의 목표 즉 평화와 세계적인 경제 사회 발전의 기본적이고 확고한 목표에 버금가며 또한 조화를 유지하면서 추구되어야 할 목표가 되었다.

　　　　　　　　　- 1972년 스톡홀름 유엔 인간 환경 선언 - [2]

아마 이런 문서들은 어떤 단체를 결성하게 하고 공식 프로젝트를 수행하게 해주며 또 몇몇 전시행정을 유도해낼 수도 있을 것이다. 아니면 또 더러는 88올림픽이 열리는 동안에도 한국 국민 옹징운동, 한국 상품 불매 운동을 벌였던 저 선진국 동물애호가들의 심금쯤은 자극시켜줄지 모르겠다(하지만 이들을 감동시키는 것만으로 기대할 수 있는 일은 많지 않을 것이다. 자기가 키우는 강아지에게 소리 지르는 사람들을 동물 학대죄로 고소할지언정 아프리카의 에티오피아에서 굶주림으로 죽어가는 30만 명을 위해서는 손가락 까닥하지 않는 이들을).

그러나 이 선언문은 롯데 자이언츠 야구 게임이 벌어지고 있는 사직 구장의 관중석에 앉아서 선수들의 일거수일투족에 일희일비하는 김씨의 팔을 한 번이라도 더 흔들게 해줄 수 있는가. 연고팀 선수의 안타성 파울에는 장탄식할지 몰라도 다음 백년 안에 지구가 망한다는 사실 때문에 절망의 긴 한숨을 몰아쉴 것 같지는 않다.

이런 형편은 로마 클럽의 보고서 「성장의 한계」의 경우도 마찬가지이다. 지금 시점에서 회고해보면 당시 집필자들의 혜안에는 놀라운 통찰력이 있었음을 깨닫게 된다. 현재 우리가 확인하는 현실 즉 경제, 산업의 성장과 환경, 생태계의 보호는 양립하기 어려운 선택지라는 것을 이미 한 세대를 앞질러 여러 데이터들을 통해 보여주면서 이제 인류가 살아남으려면 역사 이래 거듭해온 경제, 산업의 성장을 멈추거나 그 속도를 획기적으로 늦추는 '제로 성장' 밖에는 대안이 없음을 역설하고 있다. 이 보고서는 산업화, 인구 증가, 영양실조, 재생 불능의 자원 고갈, 환경오염, 생태계 파괴 등의 성장 패턴이 1972년 현재의 속도대로 가속화된다면 이 지구가 생명체들이 살 수 없는 행성으로 떨어질 시점은 다음 백 년 안의 어느 때가 될 것이라고 경고한다.

그러나 로마 클럽 문서의 어휘 역시 마찬가지다. 그들이 '당장에 성장을 멈추라'는 저 선동적인 슬로건을 이끌어내고 그것을 정당화하는 데에 의존하고 있는 것은 전적으로 복잡한 통계수치와 난삽한 도표들뿐이다. 이것은 결코 길섶에서 청개구리 한 마리를 잡아 장난치고 있는 한 초등학생의 마음을 움직여서 그것을 다치지 않게 다시 숲 속으로 돌려보내도록 할 것 같지는 않다.

아마 이 초등학생에게는 알 수 없는 기호투성이인 로마클럽의 보고서보다 '수련은 언제 연못을 덮는가.' 따위의 수수께끼를 풀면서 환경문제를 생각하는 마음이 더 살갑지 않겠는가. '연못에 한 송이 수련이 있다. 이 수련은 날마다 두 배로 늘어나서 29일 째 되는 날 연못의 반을 덮는다. 연못 전체를 덮는 날은 언제지?' '다음 29일 째'라고 답하는 꼬마에게 '아니지. 바로 그 다음 날 그러니까 30일째야'라고 말해주었을 때 말이다.

이제 이렇게 바꿔서 문제를 내보면 어떨까. '외국에서 들어온 황소개구리는 네가 잡아서 놀고 있는 우리 토종 청개구리를 잡아먹으며 산다. 저수지에 처음 한 마리였던 황소개구리가 매일 두 배씩 불어나서 99일째 저수지의 반을 채웠다. 저수지를 완전히 채우는 날은?' 꼬마는 당연히 '다음날, 백 일째'라고 답하고는 청개구리를 연못가나 풀섶에 놓아주지 않겠는가.

녹색 환상

생태 담론이 이렇게 낡은 전문용어와 상투적인 슬로건, 그래프와 통계표들로만 채워지면 여기서 소외감을 느끼는 대부분의 비전문가는 세 가지 진영으로 흩어진다. 첫째는 이론을 경멸하는 행동파다. 생태주의란 거리에 떨어진 쓰레기를 치우고 제비 다리 고쳐주고 박씨를 키워서 넝쿨 줄기가 뻗어 가게 하는 것일 뿐이라고 믿는 사람들, 자연보호는 발로 시작해서 발로 끝나야 한다고 생각하며 산과 계곡, 하천과 바다의 쓰레기 치우기 등에 열성으로 참가하는 환경 운동가들이 여기에 속한다. 둘째는 문화 자체에 저항하는 전원파들이다. 이들은 노장의 이념이나 루소, 소로의 신념을 이상화하며 온갖 기술과 도구를 거부한다. 오토바이를 타느니 차라리 달구지 타는 쪽을 택하는 것이다. 더러는 가차 없이 짐을 꾸리고 떠나서 심산유곡에 은거하며 소부가 귀를 씻었던 강물에 발이라도 씻으며 살려고 한다. 셋째는 위기 담론의 결론 가운데서 건강 관련 항목만을 심각하게 받아들이는 보신파들이다. 이들은 합리적이면서 이기적이기 때문에 모든 가치를 자신의 몸이라는 가장 확실한 텍스트 위에서 판정하려 한다.

어쨌든 이 세 진영을 관통하는 것은 녹색 환상이다. 이들은 녹색의 힘에 한없이 신뢰를 보내면서도 담론의 힘은 믿지 않는다. 나는 특히 이들 중에서 가장 전형적인 경우인 보신파들의 녹색 환상을 조명함으로써 이것이 왜 반생태학적 기만인지 밝혀보기로 하겠다.

보신파에게는 결국 생태에 대한 관심이란 자기 목숨에 대한 집착의 고상한 우회일 뿐이다. 이들에게 적색이 생태계의 위기를 상징한다면 녹색은 그러한 위기로부터의 구원을 상징한다. 녹색만이 살길이다. 세계가 종말을 고해도 자신만은 살아남아야 한다고 믿는 보신파는 선정적으로 유포되는 건강 상식에 쉽사리 현혹된다. 당연히 이들을 겨냥하는 온갖 상략들이 다투어 나타난다. 졸부 보신파들은 특히 이들의 봉이다. 곰, 뱀, 너구리, 오소리로 구성되는 생태계의 파괴는 녹색의 파괴가 아니며 그것들에 의한 자신의 보신은 녹색의 보호라고 믿기 때문에 이 졸부 보신파들은 장사꾼들에게 아낌없이 자기의 지갑을 털어준다.

또한 이들의 환상은 편리하면서도 확고한 다음과 같은 믿음 위에서 이뤄진다. '생태계가 어떤 위기에 처하든 대체로 현대 과학은 거기에 대처하는 기술을 개발하고 기업은 그런 기술을 상품화시켜서 슈퍼마켓이나 백화점의 진열대에 전시해준다. 우리는 그저 신용 카드의 은행 잔고에만 신경 쓰면 될 뿐이다.' 당연히 이 보신파들은 그린, 녹색, 순식물성, 순수 자연산이라는 라벨이 붙은 상품들을 선호하면서 그것들의 소비자로 남는 것과 생태위기에서 구원받는다는 것을 동일시한다. 녹색 소비자는 돈보다 '그린'을 선택한다.

그린과 아무 상관없는 컴퓨터도 그린 컴퓨터라는 상표가 붙어있어야 안심해서 사용하고 술도 그린 소주나 천연 암반수로 만들었다는 맥주라야 믿고 마시며 비누나 샴푸도 내추럴, 화장품도 식물성 표시가 있어야 믿고 쓰려 한다.

물론 이런 것들은 대개 실험실에서 개발된 기술과 상관없다. 판매 전략팀 혹은 디자인 실에서 만들어낸 상품명, 혹은 카피 문구에 지나지 않는 경우가 대부분이다. 결국 부도어음처럼 유포되는 공허한 기표들일 뿐이다. 보신파들은 이 사실을 모를 만큼 멍청한 것이 아니라 잘 알고 있으면서 스스로를 기만할 만큼 영리한 것이다. 이런 맥락에서 녹색 환상의 본질은 영악한 자기기만이다.

이들의 행태를 보노라면 사막에서 붙잡히는 야생 오리가 생각난다. 야생 오리를 생포하는 사냥꾼들에 따르면 붙잡히는 오리들은 처음에는 기를 쓰고 달아나다가 나중에 기진맥진해지면 본능적으로 머리를 모래 속에 파묻어버린다는 것이다. 모래 속에 머리를 파묻는 야생오리가 보이지 않는 것과 없어지는 것을 혼동하고 있는 것처럼 녹색 환상으로 도피해있는 보신파들은 녹색 소비자가 되는 것과 생태계의 위기로부터 구원을 얻는 것을 고의로 혼동하는 셈이다.

이야기꾼

이런 환상을 몰아내고 생태계의 위기에 정직하게 대면하는 것에서 시작하려면 참신한 어휘를 만들어내고 신 나는 메타포를 창안하면서 담론의 환경부터 바꿔가야 한다. 나는 이것을 위해 '생태 담론의 서사화'를 그 전략적 대안으로 제시하려 한다. 이런 제안은 누구도 생태 담론에서 서사의 타자로만 남아서는 안 된다는 전제에서 출발한다. TV 토론의 경우를 빗대어서 말하자면 '침묵하는 시청자'의 위치에서 '발언하는 참여자'의 위치로 이동하는 것으로 시작해야 한다는 말이다.

이것은 새삼스러운 이야기라고 생각할지 모른다. 그렇다. 폴 리쾨르나 알래스데어 매킨타이어가 "인간은 이야기를 만들어가는 존재"라고 했을 때 역시 그 명제의 메시지 또한 그러했다. 그러나 삶 자체를 이야기 만들기의 기나긴 여정으로 간주할 때 서사의 객체로 남느냐 주체로 남느냐는 것은 중대한 문제다.

생태 담론에서 타자로 머물던 비전문가인 나도 서사의 주체로 나설 수 있다는 것은 동시에 전문가 역시 여기서 한 사람의 이야기꾼으로 타자화될 수 있다는 것을 함축한다. 전문가를 한 사람의 이야기꾼으로 타자화시킬 수 있다는 것은 단지 담론 환경이 민주화된다는 것을 의미하는 것이 아니라 전문가 그룹의 권력 담론 안에서 줄곧 제기되어왔던 문제 곧 '무엇이 진실인가.'라는 물음을 포기한다는 것을 의미한다. 이렇게 되면 당장에 큰 혼란이 일어날 것이라고 걱정할 것이다. 물론 혼란은 일어날 수밖에 없다. 그러나 그 혼란이 결국 전문가들의 특전적privileged 언어를 정점으로 해서 구성된 담론의 위계가 허물어진다는 것 이상을 뜻하지 않는다면 그것을 두려워해야 할 이유는 없는 것이다. 이런 혼란이 생태계의 위기를 악화시킬 수 없는 것은 버스를 타고 졸업여행을 하는 여중생들이 각자의 자리에서 풀어놓는 오만가지 수다가 운전기사로 하여 길을 잘못 들게 할 수 없는 이치와 같다.

　누구든지 이야기의 주체가 될 수 있다는 것은 진리를 아는 한 사람의 선지자라는 개념을 포기함으로써 얻어지는 특전이다. 전문가의 담론을 우리의 생태계의 실상을 보여주는 유일한 진리의 언술이 아니라 한 이야기꾼이 자기의 방식으로 털어놓는 생태에 관한 이야기로 수평화시킨다 하더라도 우리는 생각처럼 많은 것을 다르게 받아들이지는 않을 것이다.

　넘겨듣는다거나 틀리게 듣는 것과 정밀하게 듣고 성의를 다해서 듣는다는 것은 큰 차이를 낳는다. 그러나 진리의 말씀으로 듣는 것과 이야기로서 듣는 것의 차이는 그것에 비하면 사소한 것이다. 오히려 졸면서 듣는 진리의 말씀보다는 반짝이는 눈망울과 쫑긋 세운 귀로 듣는 한편의 동화가 더 가슴에 파고들어 한 사람의 영혼을 뿌리에서부터 흔들어놓는 법이다. 금세기 철학의 특징을 '언어적 전회linguistic turn'라고 규정지은 리차드 로티는 다음과 같이 주장한다. "진리가 저 바깥에 있지 않다고 말하는 것은 문장들이 없는 곳에는 진리가 없다고 말하는 것이며, 문장은 인간 언어의 구성 요소들이고, 인간의 언어는 인간의 창안이라고 하는 것에 불과하다."[3] 여기서 언어를 이야기로 바꾸어 놓으면 진리라는 것에 대해 내가 주장하려는 것과 로티가 주장하려는 것 사이에는 아무런 차이가 없다.

여기에서 이야기란 단지 '꾸며내는 이야기' 즉 픽션을 말하지 않는다. 픽션은 소설가 혹은 시인이라고 부르는 사람들의 이야기 방식일 뿐이다. 물론 이 점에 대해서도 중요한 것은 그것이 진실이냐 거짓이냐, 사실대로냐 꾸며대는 것이냐의 차이가 아니라 누가 말하며 어떤 방식으로 말하느냐의 차이이다.

그러면 무엇 때문에 이런 모험을 해야 하는가 라고 물을 것이다. 이에 대해 우리가 줄 수 있는 답은 간단하다. 전문가 담론의 단순한 청취자로 머물 때보다 각자가 이야기의 주체로 설 수 있을 때 우리는 좀 더 녹색 환상으로부터 자유로워지고 생태 위기를 더 현실감 있게 느낄 수 있기 때문이다.

물론 누가 더 진실을 이야기 하는가 라는 기준을 포기하게 된다면 누가 더 재미있게 이야기 하는가, 누가 더 훌륭하게 혹은 멋지게 이야기 하는가가 더 중요해진다. 이렇게 된다면 온갖 거짓과 오류, 엉터리와 엉성한 허구가 뒤섞이게 되면서 '진실에 관한 총체적 부도 상황'에 이르게 될지 모른다고 지레 걱정할지 모르겠다. 물론 일리 있는 우려다.

그러나 이야기 공동체의 주체는 한번 만나고 헤어지는 새벽시장의 장사꾼과 고객들이 아니다. 공동체의 역사 속에서 영원히 검증을 면제받는 특권의 이야기꾼은 존재하지 않는다. 그래서 번지르르한 이야기는 서너 번, 많아야 대여섯 번쯤 통할 것이다. 왜냐하면 듣는 자는 영원한 청자가 아니라 그도 곧 말을 받아서 이어갈 화자이기 때문이다. 말해본 자는 말하는 자를 더 잘 이해한다. 한 화자의 터무니없는 엉터리가 지금은 청자지만 곧 화자의 역할을 떠맡을 수많은 청자의 그 촘촘한 비판의 그물망을 뚫고 오래 활개 쳐 다닐 수는 없는 것이다.

우리가 공동체의 역사성에 신뢰를 보내게 된다면 한 서사 공동체의 청자들을 감동시키는 재미있고 멋진 이야기들은 결코 경박하고 번지르르한 이야기가 아니라 흔히 진리 혹은 진실이라고 부르는 가치들을 지닌 훌륭한 이야기일 수밖에 없으리라는 사실을 인정해야 한다.[4] 그러므로 이야기 꾸미기 즉 서사화narration는 결코 재간이나 입담만으로 되는 게 아니다. 시작과 종말을 가진 플롯이 있어야 하고 지리멸렬해 보이는 이야기들이 하나의 윤곽 안으로 수렴되는 종합이 있어야 하며 이들이 조정되는 시간 지평이 있어야 하는 것이다.[5] 이야기 꾸미기를 통해 화자는 대체로 상황을 총체적으로 이해하고 연관 맥락들을 입체적으로 파악하지 않을 수 없다. 생태계란 바로 총체적이고 전일적 비전으로써만 볼 수 있는 어떤 것이다.

나는 다음에서 두 개의 서사 모델을 통해 우리를 일방적으로 청자의 위치에 붙박아 두는 전문가의 특전적 담론보다 자기 삶의 주변을 재치있는 언어로 재구성해서 들려주는 이야기꾼의 흥미로운 이야기가 더 생생한 생태주의적 비전으로 이끌어준다는 사실을 예증해 보이겠다.

시애틀과 땅의 서사

여기서 시애틀Seattle은 미국 북서부의 해안 항구도시 이름이 아니라 19세기 중엽 침략자들에게 그들의 땅을 뺏기고 멸종 위기에 처해있던 두아미쉬-수쿠아미쉬 인디언 족 추장의 이름이다.

　최근의 탈식민성 담론을 통해서 더 많은 '다른 이야기의 방식'들을 밝혀내고 있는 것 중의 하나가 아메리카 대륙의 인디언 정복사다.[6] 가령 그것은 우리가 믿어왔듯이 이상한 소리나 지르며 달려드는 미개하고 잔인무도한 폭도들에 대한 정의의 사도들의 응징사가 아니라 평화롭게 제 땅에서 살고 있는 원주민들을 육혈포로 몰아낸 침략자들의 강탈사에 다름 아니라는 것이다. 물론 이 강탈자들에게도 평등과 자유에 대한 신념, 양심과 정의감으로 뜨거워지는 가슴은 있었지만 그것이 작동하는 것은 오직 자기네 삶의 울타리 안에서 뿐이다. 전지구적 차원에서 구사하는 거대국가(GS)나 다국적 기업들의 약탈적 경제전략으로 휘청거리는 아시아, 아프리카 인들이 그들의 울타리 밖에 있듯이 당시 인디언들도 그들의 울타리 밖에 있었다. 그들은 주저 없이 총을 발사하며 쳐들어갔고 인디언들은 화살을 쏘며 도망쳤다. 당연히 도망친 인디언들이 남긴 땅은 총 주인의 소유로 등기되었다.

　이런 점들을 고려한다면 두아미쉬-수쿠아미쉬 인디언들에게 거주지를 미 정부에 팔라는 당시 미 합중국 대통령 피어스의 '1854년 제안'은 감동적이리라만큼 인도주의적인 것이었다. 하지만 그 인디언들에게는 땅을 사고판다는 개념 또한 육혈포만큼이나 낯선 것이었다. 추장 시애틀로 하여 다음과 같은 서사를 들려주게 했던 것은 바로 그를 당혹하게 했던 그런 낯섦이었다.

그대들은 어떻게 저 하늘이나 땅의 온기를 사고팔 수 있는가. 우리로
서는 이상한 생각이다. 공기의 신선함과 반짝이는 물을 우리가 소유
하고 있지도 않은데 어떻게 그것들을 팔 수 있다는 말인가. 우리에
게는 이 땅의 모든 부분이 거룩하다. 빛나는 솔잎, 모래 기슭, 어두운
숲 속 안개, 맑게 노래하는 온갖 벌레들, 이 모두가 우리의 기억과 경
험 속에서는 신성한 것들이다. 나무 속에 흐르는 수액은 우리 홍인의
기억을 실어 나른다. 백인은 죽어서 별들 사이를 거닐 적에 그들이
태어난 곳을 망각해버리지만, 우리가 죽어서도 이 아름다운 땅을 결
코 잊지 못하는 것은 이것이 바로 우리 홍인의 어머니이기 때문이다.
우리는 땅의 한 부분이고 땅은 우리의 한 부분이다. 향기로운 꽃은
우리의 자매이다. 사슴, 말, 큰 독수리, 이들은 우리의 형제들이다. 바
위, 산꼭대기, 풀의 수액, 조랑말과 인간의 체온 모두가 한가족이다.
　　- 땅을 팔라는 미 대통령에게 답하는 시애틀 추장의 연설문 - [7]

시애틀이 이 서사를 통해 보여주는 세계관은 이 우주의 모든 생명
체를 존재의 거대한 연쇄 안에 함께 하는 형제로 간주하는 생태주의
적 비전이다. 이런 이야기를 꾸며낼 수 있는 지도자는 생명을 잔인하
게 죽이거나 타인의 재산을 광폭하게 탈취할 수 없으리라는 것을 안
심하고 추정할 수 있다. 왜 우리가 많은 말을 해야 하는가. 왜 증거를
보여주고 증인을 세워야 하는가. 시애틀처럼 이런 이야기를 만들어내
서 우리의 영혼을 흔들어주는 이야기꾼이 없기 때문이다.
생태주의의 근본정신을 이해하기 위해서 왜 우리는 많은 전문 서

멋
진
이
야
기
●
165

적들을 뒤적거려야 하는가. 이런 이야기꾼의 언어를 만나는 행운을
갖지 못했기 때문이다.

카뮈와 바다의 서사

카뮈는 어디선가 그의 스승 장 그르니에와 마찬가지로 자신을 글쓰
기로 이끄는 것은 파리의 허영이 아니라 지중해의 영감이라고 말한
적이 있다. 그에게 그 바다는 단순한 자연이 아니었다. 그것은 따뜻
하게 안기고(『이방인』) 비밀스러운 부름으로 다가와 말을 걸며(『결혼』)
때로는 양심을 아프게 일깨우는(『전락』) 생명의 표상이었다.

그의 소설 『전락』의 화자인 변호사 클라망스는 어느 날 멋진 변론
을 마친 뒤 연인과 사랑을 나누다 자정이 넘은 어둠 속에 11월의 찬
비가 내리는 센 강의 다리를 건너 집으로 향해가고 있었다. 다리의
중간쯤에 다다랐을 때 다리 난간을 붙잡고 기웃거리는 까만 옷의 어
떤 처녀를 본다. 그냥 무심히 그녀를 스쳐서 다리 끝에 이르렀을 때
풍덩 하는 소리와 함께 째지는 듯한 여인의 날카로운 비명이 연거푸
들려왔다. 순간적으로 상황을 직감한 클라망스는 그 여인을 구하기
위해서 뭔가 어떻게 해야 한다고 생각하면서도 얼어붙은 듯 멈춰 서
서는 '아냐 너무 늦었어, 너무 멀어…'하며 황망히 변명하듯 중얼거리
다가 종종걸음으로 그곳을 빠져나가 버린다.

그 후 클라망스는 이 사건을 잊으려 애썼고 또 스스로 잊었다고
확신하고 있었다. 그렇게 몇 해가 지난 뒤 여자 친구와 함께 여객선을
타고 여행하는 중의 일이었다. 그가 난간에 나왔을 때 바다 저 멀리

까만 점 하나가 나타났다가는 홀연 사라지고 다시 나타났다가 그렇게 없어지기를 거듭하는 것이었다.

나는 곧 눈길을 딴 데로 돌려버렸지만, 가슴이 두근두근 뛰기 시작했어요. 다시금 억지로 눈길을 가져가 보았더니 그 까만 점은 간데없이 사라져버렸어요. 나는 고함을 지르고, 바보처럼 구원을 청하려 했는데 문득 그게 다시 나타났어요. 그건 배들이 지나가고 나면 그 뒤에 남아 떠다니는 그런 쓰레기들 중의 하나였습니다. 그렇지만 나는 그걸 태연히 보고 있을 수가 없었어요. 순간적으로 어떤 투신자살자 같다는 생각을 했던 거예요. 그때 나는 오래전부터 사실이라고 믿어왔던 어떤 생각을 결국은 체념하고 받아들이게 되는 때처럼, 아무 저항 없이 깨달은 것이 있었습니다. 즉 여러 해 전에 내 등 뒤의 센 강 위에서 울렸었던 그 비명이 강물에 실려서 도버 해협의 바닷물로 운반되어가지고는 대양의 끝없는 공간을 거쳐 온 세상을 쉬지 않고 떠돌다가 내가 그것과 마주치게 된 그 날까지 그곳에서 나를 기다리고 있었다는 사실 말입니다. 그리고 그것은 바다에서건 강에서건, 요컨대 내가 받을 세례의 쓰디쓴 물이 있는 곳이라면 어디에서나 계속하여 나를 기다릴 것임을 나는 또한 깨달았습니다.[8]

여러 해 전에 어둠과 침묵 속으로 사라져갔다고 믿었던 그 비명이 온 세상의 바다를 표류하며 기다리다가 이 심약한 주인공과 만나 그를 흔들어 놓는다는 이 서사는 우선 그 기발함으로 우리를 탄복시킨다. 그러나 이 이야기에서 단지 주인공의 비겁한 양심을 일깨우는 도덕훈의 맥락만을 읽어낸다면 이 서사가 지닌 많은 뜻을 놓치고 말 것이다. 그 자체 고유한 생명을 지닌 산과 강과 바다, 나무와 돌, 그리고 그 안에 사는 생태계의 모든 것들이 저토록 참혹하게 망가지며 마지막 비명을 쏟아놓는데, 우리는 모두 그 비명을 뒤로 하며 센 강의 다리를 황망하게 건너버리는 클라망스의 처지에 있지 않은지도 반성해 보아야 한다.

카뮈가 이 이야기에서 보여주려는 것 중의 하나는 '바다란 우리에게 무엇인가'이다. 그것은 피할 수 없는 것과 만나야 하는 그 자체 또는 피할 수 없는 어떤 것이다. 이 피할 수 없는 것으로서의 바다를 카뮈는 그의 모든 작품 안에서 그의 대행자(주인공)들을 통해 만난다.

'형무소에 수감되어서 나에게 가장 괴로웠던 일은 내가 자유로운 사람처럼 생각하는 것이었다. 가령 바닷가에 가서 물속으로 들어가고 싶은 욕망이 솟곤 하는 따위인데 발밑의 풀에 부딪히는 찬 물결 소리, 물속에 몸을 담그는 촉감, 거기서 느끼는 해방감, 그런 것들을 상상할 때 갑자기 나는 감옥의 담장이 그 얼마나 답답하게 나를 둘러싸고 있는가를 느끼는 것이다.' [9]

이 글을 읽고 그 깊은·뜻에서 공감하는 사람은 더 이상은 바다를 식량의 자원으로, 양식장의 공간으로, 심지어 남몰래 갖다버리는 쓰레기 처리장으로 생각할 수 없다.

우리에게 카뮈의 서사에서 이토록 생생한 '너'로 살아나는 이 바다는 무엇인가? 가령 내가 사는 이 도시 부산의 바다가 우리에게 무엇인가를 생각해본다. 머리에 떠오르는 것은 해운대 광안리에 즐비한 술집, 카페, 횟집, 갈빗집, 호텔, 모텔 등뿐이다. 왜 그런가. 우리는 아직 카뮈와 같은 이야기꾼을 갖지 못했기 때문이다. 장사꾼들이 바다의 조망권을 독점하고 상품화하고 있어서 부산에는 바다에 대한 서사가 없다는 것은 구차한 변명이다. 내 생각에 그것은 원인과 결과를 바꿔놓은 주장이다. 바다에 대한 다른 이야기가 없고 있어도 빈곤한 것들뿐이어서 장사꾼들이 감히 바다를 막아설 수 있었다는 말이다. 멜빌의 『백경』을 읽고서도 바다가 보이는 언덕배기에 갈빗집을 짓겠는가. 카잔차키스의 『희랍인 조르바』를 읽고서도 백사장 앞에 횟집 빌딩을 세우겠는가.

바다의 이야기꾼들은 없고 친수 공간에서의 조망권마저 뺏겨버린 시민들에게 바다란 무엇인가. 해운대, 광안리, 송도, 송정일 뿐이다. 그러나 해운대, 광안리, 송도, 송정은 바다가 아니다. 그것들은 바다를 우리의 의식 저편으로 밀어붙이는 장벽들의 슬픈 이름에 지나지 않는다. 먼저 우리는 이런 이름들에 몰수된 바다를 되찾아야 한다. 상품으로 몰락해버린 채 우리의 삶 속에서 깊숙이 타자화 되어버린 바다를 건져 내야 한다는 말이다. 이 바다를 생태학적 비전 안에서 파닥거리는 생명으로 되살리기 위해서는 먼저 멋지고 훌륭한 이야기꾼들이 나와야 한다. 그리고 그들이 더 많은 이야기꾼들을 끌어들이면서 바다에 대한 이야기가 넘치고 흘러야 한다. 그래서 그들이 만들어내는 이야기들이 또 멋진 어휘가, 기발한 메타포들을 만들어내면서 우리의 가슴을 흥건히 적실 수 있어야 하는 것이다. 그래서 저 눈부신 태평양의 쪽빛 바다를 시야에서 가려 막아서고 있는 '해운대', '광안리', '송도', '송정' 등 이 추악한 천민자본의 환유들을 다시 술집의 후미진 곳으로 몰아넣지 않으면 안 되리라.

이야기 짓기

생태 위기의 극복을 언어에서 찾아야 한다는 내 주장의 약점을 나는 잘 알고 있다. 사느냐 죽느냐가 걸린 백척간두의 상황을 고작 말이나 만들어내고 이야기나 꾸며내면서 신선놀음으로 덮어두려는 불온한 발상으로 비칠 것이다. 그러나 이때의 말이나 이야기를 삶에서 분리된 기호쯤으로 생각하는 한 나는 그런 비판에 승복하지 않을 참이다. 내가 말과 이야기에 집착하는 것은 우리의 삶 자체가 그런 것들로 이루어지는 텍스트이기 때문이다. 하이데거가 "언어는 존재의 집"이라고 했을 때 그는 이러한 언어의 속성을 꿰뚫어보고 있었다. 그런 것들은 공허한 기표로서의 기호들과 혼동되어서는 안 된다. 뜻이 거세된 말, 삶에서 겉도는 이야기는 데리다의 멋진 표현을 차용하자면 정충 없는 정액이요 정자 없는 계란이다. 이것들로 꾸며낼 수 있는 이야기 따위는 없다. 기껏해야 삐걱거리는 소음들만을 만들어낼 뿐이다. 이것들은 내가 제안하는 말이나 이야기와는 아무런 상관이 없다.

내가 언어를 각별하게 강조하는 또 다른 이유는 상투적인 어휘들로 일관된 어떤 생태 담론들은 누구의 귀도 붙잡지 못한 채 허공 중에 공허하게 흩어져가고 있기 때문이다. 이 자체가 내팽개쳐둘 수 없는 또 하나의 위기인 셈이다. 이제는 생태주의의 언어 자체가 환골탈태하지 않으면 안 된다.

물론 나는 또한 나의 제안이 위기 극복의 유일한 방법이라고 말하고 있는 것은 아니다. 출발점에서 선택할 수 있는 하나의 전략적 대안이라고 말하고 있을 뿐이다. 어쨌든 우리는 서사의 힘을 믿어야 한다. 루소의 『에밀』이 교육의 혁명을, 스토 부인의 『톰 아저씨의 오두막

상처의 인문학

170

집』이 노예해방을 이끌어내었다는 사실을 간과해서는 안 된다. 내가 제안하는 담론의 서사 전략들이, 행동이 거세된 채 교착상태에 빠져 계몽과 환상만을 지루하게 거듭 재생산해내는 생태 담론의 참여자들에게 단호한 반성의 기회를 제공하게 되리라 믿는 것은 결국 이러한 서사의 힘을 믿기 때문이다.

비록 우리 모두가 시애틀이나 카뮈가 될 수는 없다 하더라도 누구나 삶에서 감동적이고 흥미진진한 이야기 하나 둘쯤은 만들어낼 수 있다. 생태 담론이라고 예외가 아니다. 여기서도 우리는 이름없는 평범한 이웃이 들려주는 멋진 이야기에 사로잡힐 수 있는 것이다. 그것이 나를, 당신을, 시장에서 장사하는 김씨나 박씨를 생태주의의 투쟁 전선으로 분연히 몰아세우게 될지 누가 알겠는가.

놀고 있는 인간, 홍상수

자꾸 좁아지는 놀이마당에서 아티스트들은

종종 삶과 죽음 사이를 곡예 해야 한다.

잊지 말자.

그들이 놀 수 있어야 우리가 살 수 있다.

판

홍상수에 대해 탐론批論하는 두 종류의 글쓰기가 가능하다. 하나는 홍상수의 판 위에 홈을 파는 글쓰기이고 다른 하나는 홈 없는 평평한 판 위에서 함께 유목하는 글쓰기이다.

판에 홈을 파면 그 위에서 움직이는 모든 것들은 이 영향을 받는다. 쏟아진 물 한잔은 패인 홈을 따라 흐르고, 날아든 꽃가루는 패인 홈을 따라 쌓인다. 이때 홈은 물과 가루 등을 판 위에서 속수무책으로 영토화시키는 초월적 권력인 셈이다.

하지만 홈 없는 매끈한 평판 위로 쏟아진 한 잔의 물, 날아온 한 줌 꽃가루는 예측할 수 없는 독특한 형상으로 흩어진다. 그때 이런 물질의 양, 낙하 속도, 표면 장력, 평판의 강도 등에 대한 아무리 정밀한 데이터를 갖고 있다 하더라도 그 형상을 앞질러 예측하지는 못한다. 그것은 물이나 꽃가루 같은 것이 평판의 표면 장력에 저항하며 스스로 취하는 존재의 자유로운 윤곽선이기 때문이다.

내가 보기에 홍상수에 대한 평가 담론들은 대개 저 유목의 지평 위로 범람하는 풍요로운 의미 맥락을, 특정한 논리로 회로화 시키려 드는 자기방식의 홈파기인 듯하다. 그런 전략으로 다양한 삶의 규범 코드들을 가로지르며 유연하게 미끄러지는 홍상수의 작품들을 포획할 수 있을까. 허락許諾될 수 없는 허사虛辭들이 헛웃음을 짓게 한다.

그의 작품 중 가장 자전적 작품으로 평가받는《잘 알지도 못하면서》의 주인공 구경남의 입을 통해서 발화하고 있듯이 홍상수에게 가장 소중한 것은 어떤 회로망에도 예속되지 않는 자유다. 그러니 홍상수를 '초연함Gelassenheit'의 맥락 위에서 그냥 놀게 두자. 후기 하이데거 사상을 관통하는 핵심 개념 '초연함'의 뜻은 '존재하는 것을 존재하게 하라'는 정언명법으로 요약된다. 홍상수는 천재도 영웅도 위대한 작가도 아니다. 그의 정체성은 이런 유의 술어항 내부에도 외부에도 위치하지 않는다. 오히려 그는 그 격자를 가로질러 빠져나가는 현장에서 유목 자체로만 존재한다. 그래서 내가 하고 싶은 말은 이것이다. 그냥 홍상수를 홍상수이게 하라. 그로 하여 존재하는 만큼만 존재하게 하라. '잘 알지도 못하면서' 장광설을 떠들 게 아니라 그냥 '아는 것만큼만 안다'고 하라.

내 글은 홍상수가 유목하는 탈주선을 추적해보려는 것이고, 행유여력이면 매끄러운 판의 표면을 훑으며 함께 유목해보려는 것이다. 이를 위해 나는 먼저 그에 대한 홈 파는 글쓰기들이 파놓은 큰 홈 몇 개를 메우는 것에서 시작하겠다. 정치판에서의 이전투구는 흔히 네거티브 포맷을 취한다. 스스로 올라갈 장점이 없는 정상배들은 상대를 끌어내리는 것으로 유권자들로 하여 상대적 착시를 유발시키는 것이다. 그러나 우리는 진지한 애정으로도 전략적 네거티브를 구사할 수 있다. 홍상수판에 이미 만들어진 홈을 없애려는 내 경우가 그렇다. 누군가를 진정 자유롭게 유목하도록 해주려면 먼저 '아름다운 영혼die schӧne Seele'[1] 의 족쇄에서 풀어줘야 한다. 온갖 '고정 지시어rigid designator'[2] 의 굴레로부터 해방시켜서 그로 하여 그냥 놀게 해주어야 하는 것이다.

흠

솔직 : 함정

《잘 알지도 못하면서》에서 영화감독 구경남은 이렇게 말한다. "자신이 알지 못하는 걸 어떻게 만들어요?" 이 한 마디는 그의 작품들을 관통하는 윤리관을 압축하고 있다. 이런 윤리관에 충실하기 위한 가장 손쉬운 방법은 서사를 자전적 삶에서 끌어오는 것이다. 그는 또 어디선가 이렇게 말했다고 한다. "현재의 나라는 구체具體를 빼고 내가 의지할 진정성의 근거가 없다."[3] 이것은 앞의 말과 쉽게 켤레를 이룬다. 결국 그의 작품에 등장하는 주인공들이 대개 감독, 교수, 작가 아니면 그런 직업 언저리에서 약간 변주되는 것은 이런 이유 때문이다.

평단에 회자되는 가장 흔한 홍상수 작품평은 "인간 내면을 가차 없이 드러내는 끔찍한 솔직함"에 관한 것이다. 이런 솔직함은 적어도 동북아를 포함하는 우리 예술사의 전통이 아니다. 우리가 늘 경이롭게 바라보며 부러워했던 것은 오히려 유럽적인 개방성, 이를테면 로베르 브레송, 에릭 로메르, 프랑소아 오종 등의 프랑스 영화에서 한 전형을 이루고 있는 솔직한 내면세계의 영상들이었다. 이제 그 나라에서 행세하는 비평가 장 미셸 프루동은 홍상수의 솔직함에 경의를 표하고 있다.

위에서 언급한 여러 요소 때문에 나는 홍상수가 아주 숙련되고 예민하고 세련된 영화감독만이 아니라 특별히 정직한 인간이라고 생각한다. 그는 자신의 직업적 생활뿐만 아니라 내적 인생을 특이한 방식으로 표현한다. 정직함으로 영화감독을 설명하는 경우는 드물지만, 나는 그것이 의미 있고 중요하다고 생각하며, 홍상수는 그렇게 불릴 만한 자격이 있다고 확신한다. [4]

허문영에 따르면 홍상수의 솔직함은 "인간적 솔직함이라기보다 동물적 솔직함, 아니 동물적 규범의 투명성 혹은 활력이라 부를만한 것이다." [5] 홍상수에게서 동물성을 읽어내는 이 특이한 눈썰미는 문화의 외부에 배치될 때라야 비로소 이해 가능한 그의 반사적 감수성을 짚어내고 있는 것으로 보인다. 프랑스 영화감독 《개입자》의 클레어 드니도 술 마신 뒤에야 겨우 솔직해지는 할리우드의 문법을 거슬러 술 마시기 전부터 솔직해지는 홍상수 영화의 주인공들에 대해 찬양하고 있다. [6]

자신이 아는 것만 얘기하려는 홍상수, 그러면서 동물적이리만큼 솔직한 홍상수. 그러나 날카로운 비평가 허문영은 이 솔직함이 지니는 함정을 놓치지 않는다.

솔직함? 이 말은 어느 정도 맞을 것이다. 동시대의 어떤 영화도 감독 자신을 그토록 적나라하게 드러내지 않는다. 우리는 그의 영화를 보는 동안 종종 민망해 어쩔 줄 모르게 되는 장면과 대사를 만난다. 소심, 비겁, 불안, 제어되지 않는 성욕…. 그들을 여과 없이 드러내는 민망할 정도의 솔직함. 우리 대부분이 그것들을 공유하고 있지 않다면 그 앞에서 민망할 리가 없다. 그러나 솔직함이라는 단어에는 함정이 있다. 우리는 결코 온전히 솔직해질 수 없다. [7]

아쉽게 허문영은 이 지점에서 멈춰 서고 만다. 능히 이 함정의 정체로 더 긴밀하게 육박해 들어서서 명증하게 밝힐 수 있는 특전적 위치privileged position에 있으면서도 거기서 철수해버리는 것이다. 투명성이 우리의 관심사라면 우리는 이 지점에서 다시 출발해야 한다. 홍상수는 솔직한가. 우리처럼 인간 홍상수도 결코 온전히 솔직해질 수 없다. 그렇다면 그의 저 솔직함, 솔직함의 온전성이 마침내 부서지는 지점은 어디냐. 이런 물음 앞에서 그가 내세우는 '아는 것만큼만 안다고 해야 한다'는 인식론적 당위도 아연 복잡한 상황에 부딪히게 된다. 그런데 투명성이 정말 중요한가.

솔직 : 역설

어쨌든 먼저 해야 할 작업은 저 과장된 규범적 배치표, '솔직함'을 깨부수는 것이다. 솔직함이란 게 대체 뭐냐. 홍상수에게 그것은 '솔직'을 갖고 노는 것이다. 그는 그런 익살을 우리에게 재치 있게 보여준다. 가령 《하하하》(2012)에서 중식과 연주, 그리고 상호와 여친이 술을 마시면서 갑자기 솔직함에 대해 말한다. 그때 중식이 "솔직함이 뭐냐?"고 묻고 상호가 답한다. "솔직한 게 솔직한 거지." 이 동어반복을 빌미로 솔직함에 대한 진지한 토의는 갑자기 동음이의의 말장난으로 미끄러져 들어간다. 솔직한 거지. 갑자기 카메라가 포구의 선착장 돌머리에 앉아있는 거지에게로 이동하며 접사하여 화면 중앙으로 당겨놓는다. 여기서 같은 말 되풀이 하기의 동어반복 유희는 갑자기 술어가 주어 앞으로 이동하는 주술전치主述轉置 유희로 바뀐다. 솔직한 거지가 솔직한 거다. 그렇다. 홍상수는 솔직한 게 아니라 그냥 '솔직'을 갖고 놀고 있을 뿐이다. 그의 재능은 이런 유희로써 매 시퀀스마다 독특한 틈을 환기시키는 데 있는 것 같다. 이 틈에서 관객들 역시 유쾌하게 흔들린다. 칸트의 주장대로라면 홍상수의 영상미는 이런 식으로 농담하는 그의 카메라와 함께 유쾌하게 흔들리는 우리의 무관심적 만족에 있다.

그래도 어쨌든 분명한 것은 솔직한 거지는 동어반복만큼 솔직하지만, 홍상수는 주술전치만큼 솔직하지 않다는 것이다. 각본과 연출을 겸하는 독과점 작가들의 경우, 감독의 의도와 작중 인물의 의도를 관객뿐 아니라 비평가들도 일쑤 혼동하는데 그럴만한 이유가 있다. 배우라는 기표 뒤에 숨겨진 발화자hidden speaker와 감독은 쉽게 동일화되기 때문이다. 홍상수는 이런 동일화의 덫에 걸려 허우적거리는 관객, 혹은 비평가를 득의의 미소로 바라보며 유유히 빠져나간다.

여기서 멈추지 않는다. 그는 이런 동일화를 감독의 입장에서 역공한다. 이것이 《극장전》(2005)이 환기시키는 중요한 이슈 중 하나다. 영실과 동수가 드디어 술집에 가서 술을 마시는데 동수가 느닷없이 자신들이 낮에 보았던 영화는 자신의 얘기라고 말한다. 주인공이 말보로 레드를 주문하는 것이 그 분명한 증거 중 하나라는 것이다. 그러자 영실은 "누구나 영화를 보면 비슷한 대목에서 다들 그게 자기 얘기라고 생각해요."라고 받아친다. 이것은 독과점 작가들이 하고 싶으면서 쉽게 하지 못하는 얘기다. 문제는 바로 이 지점에서 드러나는 홍상수의 수상한 알리바이다. 《극장전》의 주인공 동수는 명색이 감독이다. 해야 한다면 그 말은 당연히, 그리고 마땅히 동수가 해야 한다. 그런데 이것을 "배우 최영실입니다."라고 자신을 소개하는 배우 영실로 하여 발화하게 한다. 이 아이러니 속에, 이 알리바이 안에, 솔직함과 거리가 먼 홍상수가 있다.

비난해야 하는가. 독과점 작가에게 솔직함의 요구는 폭력이다. 그것은 '벗어라'라는 무상명령이기 때문이다. 더구나 아는 얘기만을 말하려 하고 아는 만큼만 안다고 말하려는 인식론적 결백함까지 갖춰버린 독과점 작가에게 이것은 더욱 가혹하고 잔인한 척도일 수밖에 없다.

이런 작가는 꺼리를 당연히 그를 중심으로 그려지는 삶의 동심원에서 취사하게 된다. 《잘 알지도 못하면서》(2009)에서 고순이 "어떻게 영화에다 대고 자신들 얘기를 그렇게 할 수 있느냐."고 따질 때 구경남 감독이 "그럼 알지도 못하는 얘기를 어떻게 해요."라고 받아쳤던 것은 이런 정황을 증언해주고 있다. 결국 그가 경험한 얘기들을 이렇게 저렇게 세탁하고 비틀고 휘어서 만들어내는 얘기일 것이고, 그렇다면 주위에서 《극장전》의 동수처럼 저건 내 얘기야, 그 증거는 말보로 레드야 등등하며 따져 드는 지인들은 분명히 있을 것이고, 그때마다 《극장전》의 영실을 불러내어 "누구나 다…"를 발화하게 할 수 없을 것이다. 그렇다면 어떻게 할 것인가.

『판단력 비판』의 칸트 입장에 서면 이런 대안이 가능하다. 판단의 지층을 바꾸고, 지금 서 있는 마당을 떠나라. 그에 따르면 판단이란 보편과 특수의 포섭관계를 나타내는 것이다. 두 종류의 판단이 있다. 하나는 내 앞의 특수를 이미 주어진 보편에 끼워 넣는 규정판단이고, 다른 하나는 특수만 있을 뿐, 끼워 넣을 보편은 이제부터 찾아 나서서 포섭을 마무리 해야 하는 반성판단이다.[8] 가령 어떤 것을 아름답다고 느끼는 것은 인간이 지닌 독특한 미적 능력 때문인데, 이것은 일체의 관심에서 떠나, 어떤 것을 순전히 만족 또는 불만이라는 기준으로만 판단하는 능력이다. 이런 능력에 의한 판단이 반성적 판단, 곧 미적 판단이다. 영화가 만일 도덕의 장르에 속한다면 당연히 규정적 판단으로 다뤄야 한다. 그러나 우리의 미적 능력으로 향유해야 할 어떤 것으로 간주한다면 그것은 반성판단의 영역에서 다뤄져야 한다.

예술가에게 솔직하라는 요구는 반성판단으로 다뤄야 할 예술이나 미학을 규정판단으로 이뤄진 과학이나 도덕 영역으로 환원시키라는 명법과 같다. 판단의 지층을 제대로 짚어야 한다. 주문형 작가에게조차 '솔직해야 한다'는 요구보다 더 잔인한 차꼬는 없다. 하물며 홍상수에게서랴.

깊이

《돼지가 우물에 빠진 날》(1996)이래 홍상수는 한국현대영화사에서 급진화의 아이콘으로 자신의 존재를 지속적으로 각인시켜왔다. 이 급진화의 내포에는 홍상수 미학의 다양한 속성들과 함께 철학적 깊이라는 특성이 선명하게 각인되어 있는 것 같다. 홍상수는 심오한 깊이의 작가인가. 더러 그렇게 보이는 경우가 있다. 그러나 더 가볍고 더 표피적이고 더 시니컬하게 보이는 경우가 더 많다. 가령 《여자는 남자의 미래다》(2004)에서 문호네가 벌이는 술판의 대화, 《해변의 여인》(2006)의 모텔방에서 중래네가 나누는 대화, 《하하하》(2010)에서 술잔을 사이에 두고 벌어지는 많은 대화 등을 보라. 어쨌든 술을 매개로하는 시시껄렁해 보이는 대화 시퀀스 등이 홍상수 영화의 팔 할을 채운다.

깊이를 말할 수 있는가. 우리의 판단으로 그것들이 대개는 지나치게 표층적이고 상투적이며, 또 의도적이다. 가령 《하하하》에서 왕성옥의 집을 찾아간 중식과 성호가 대문 앞에서 잠깐 나누는 대화는 제법 심각해 보인다. 중식이 성호의 시작품을 실존 운운하며 비판하는 설왕설래다. 중식은 실존사상이 부정적이고 파괴적이며 어둡고 침울한 추문 같은 사상scandalous thoughts이라고 폄하한다. 이것은 사르트르가 『실존주의는 휴머니즘이다』에서 천박한 대중들 사이에 유통되는 실존주의에 대한 첫 번째 오해로 지적했던 것이다. [9] 저자에 따르면 이것은 실존의 제1명제 '존재는 본질에 앞선다'(사르트르)에 대한 곡해 탓이다.

이 제1명제의 핵심을 정확히 관통하는 성찰은 오히려 《해변의 여인》에서 김중래가 문숙에게 도형으로 설명하는 장면에서 드러난다. 그 설명은 실존의 제2명제인 '인간은 그 존재에 있어서 존재함 자체가 매 순간 문제 되는 존재다'(하이데거)를 정확하게 훑고 있다. 그러나 이것은 깊이와는 아무 상관없다. 인간은 조변석개로 바뀌는 게 아니라 매 순간 바뀌니, 그렇게 바뀌는 카멜레온 같은 자신에 대해 책임져야 한다는 상식을 정리하고 있을 뿐이니까. 알고 보면 실존은 우리가 이렇게 일상에서 익숙하게 실천하고 있는 삶의 양식이다.

깊이를 구태여 지적해야 한다면 그것은 홍상수의 특성이 아니라 그가 유희하는 한 방식에 지나지 않는다. 《해변의 여인》에서 김중래는 도형을 그리고, 《극장전》의 동수는 생각, 생각을 제대로 해야 한다고 말하고, 《하하하》에서 조문경은 '아는 것만큼 보인다.'는 통념을 '몰라야 더 많이 보인다.'로 뒤집어놓는다. 물론 이런 것들은 제각각 재기발랄하고, 인상 깊은 것들이지만 깊이와는 아무 상관없다.

홍상수에 안드레이 타르코프스키를 몽타주 시켜보면 분명해진다. 《희생》(1986)의 첫 시퀀스에서 주인공 알렉산더는 아들 고센에게 "매일 아침 물 한잔을 변기에 붓는 사소한 일도 일 년 동안 반복하면 인생이 바뀐다."고 말한다. 반복의 제의祭儀적 실천이 지니는 힘을 소박하게 표현한 것이다. 타르코프스키의 영화는 이런 힘, 즉 죽어버린 것들조차 새 생명으로 부활시킬 수 있는 이런 힘을 선회하며 전개된다. 구태여 깊이를 지적하지 않더라도 타르코프스키의 영화는 철학적이다. 그러나 홍상수 영화는 그런 의미에서 철학적이지도 않고, 또 거기에 걸맞는 깊이를 갖고 있지도 않다.

그의 영화에서 간헐적으로 돌출하는 심각한 발화들은 오히려 등장인물들이 보여주는 일탈성의 알리바이들에 지나지 않는다. 이를테면 《해변의 여인》에서 문숙의 추궁에 김중래가 상투적인 변명 대신 들려주는, 도형을 이용한 기이한 고담준론이 그런 예에 속한다. 주인공들의 사람 됨됨이와 연관시켜볼 때 홍상수의 지향은 확연해진다. 그의 카메라는 존재의 심층이 아니라 인상의 표층을 향해 있다.

어쨌든 홍상수 영화가 의도적으로 추구하는 깊이 같은 것은 없는 듯하다. 더러 심각한 장면들에서는 오히려 너무 내려간 깊이에서 황망히 헤어나오려는 몸짓을 보인다. 그럼에도 그런 낌새들이 감지된다면 그때는 저항할 수 없는 중력에 의해 만들어지는 하강, 정직하게 자기 체중으로 내려간 층위라고 해야 한다. 가령 《하하하》에서 난데없이 등장하여 "너 눈 있지?" 하고 다그치며 시작하는 이순신 장군의 훈시가 그런 것이다.

장군의 말은 키에르케고르의 주체성의 진리를 몸에 익은 일상언어로 바꿔놓은 것이다. 그것은 말하자면 심도를 지워버린 키에르케고르의 사상이라 할 수 있다. 저 덴마크의 사상가에 따르면 진리란 주체성이며, "내가 그것을 위해 죽기도 하고 살기도 하는 것"[10] 이다. 이것을 이순신은 웃음이 나올 만큼 소박하게 언표한다. "이게 뭐냐. 잎사귀처럼 보이느냐. 아니다. 잎사귀가 아니다. 네 눈이 있지. 네 눈으로 보아라."

또 홍상수가 깊이의 냄새 같은 걸 일부러 피우려 했다면 그건 우스개로 그랬을 것이다. 깊이보다는 오히려 우스개가 그의 관심사일 것 같다. 홍상수라고 흥행에의 야망이 없겠는가.《잘 알지도 못하면서》에서의 구경남 감독의 야무진 꿈처럼 200만 명쯤은 들어찰 영화를 만드는 것, 그것이 결코 그의 소망이 아니라고는 말할 수 없을 것이다. 그러려면 일찌감치 깊이의 먹물흔적을 지워야 한다. 어쨌든 깊이는 그의 특성이 아니다. 오히려 그것은 그가 갖고 노는 그 무엇, 그러면서도 그 흔적을 애써 지우고자 하는 그 무엇일 뿐이다.

속물

흔히들 홍상수 영화는 존재의 불편한 진실을 영상화한다고 말한다.[11] 인간의 속물성을 통렬하게 고발하는 그의 작품을 보노라면 마치 발가벗고 거울 앞에 선 것 같은 부끄러움을 느끼게 된다는 것이다. 인간의식의 밑바닥을 가차 없이 훑고 지나가는 그의 카메라 앞에 서고서도 끝까지 선하고 아름다운 인간으로 남는다는 것은 불가능한 일인 듯하다.

얼핏 홍상수 영화의 주인공들이 하나같이 속물성의 전형들인 듯 느껴지는 것은 사실이다. 그들은 예외 없이 암컷을 좇는 수컷들이고, 지금은 딱히 하릴없이 빈둥거리는 찌질이들이며, 그러면서도 어떤 욕망을 결코 포기하지 않는 잡것들이다.

그러나 여기서 중요한 것은 앞과 뒤, 원인과 결과를 뒤바꾸지 말아야 한다는 것이다. 이런 인물들을 세상에 고발하고자 하는 홍상수의 의도에서 그런 작품들이 만들어진 게 아니라 그가 만든 작품들로부터 그런 작가의 의도가 재구성된 것이다. '속물'은 이 헛다리 짚는 재구성 과정에서 탄생된 텅 빈 기표다. 이런 확신에는 근거가 있다. 그의 주인공들은 다른 만큼 닮았지만, 또 닮은 만큼이나 또 서로 다르다. 같은 직업으로도 서로 페르소나가 다르고, 같은 발화도 그 의미 맥락이 전혀 다르다. 《해변의 여인》에서 감독 중래는 《잘 알지도 못하면서》의 감독 경남과 완전히 딴판이고, 《생활의 발견》(2002)에서 경수의 "우리 섹스하지 않은 채로 죽을까?"는 《극장전》에서 상헌의 "우리 섹스하지 않은 채로 죽을까?"와 전혀 다른 판본이다. 스치는 홍상수의 그림자만이 그 차이들 속에서 어렴풋이 오버랩될 뿐.

형식틀은 닮았지만, 개념틀이 다르다는 게 문제의 핵심이다. 왜 개념틀이 다른가. 영화의 구성소들이 그 외피의 유사성에도 불구하고 왜 전혀 다른 탄착점들을 그려 보이는가. 들뢰즈의 언어로 말하자면 이것은 홍상수가 철저히 경험론에서 출발하기 때문이다. 다시 뒤에서 다루겠지만 경험론이란 "개념을 어떤 마주침의 대상으로, 지금-여기로 다룬다." [12] 는 것을 의미한다.

개념을 주인공으로 바꿔보면 이 경험론이 무엇을 의미하는지 곧 분명해진다. 주인공을 어떤 마주침의 대상으로, 지금-여기로 다루는 일이 가능하기 위해서는 먼저 영웅, 성인, 속물, 주정뱅이 등 확정된 캐릭터로부터 자유롭게 해줘야 한다. 지금-여기의 켜, 결, 주름에서 상황과의 역동적 상호작용에 의해 주인공 스스로 살아나는 것, 박제의 지푸라기들을 빼내고 그 안에 생명의 속살을 채워 넣는 것, 이것이 들뢰즈가 말하는 경험론의 핵심이다. 요컨대 홍상수의 영화에서 속물은 등장인물들이 경험론적 전개과정에서 통과하게 되는 수많은 결절結節들 중 하나일 뿐이다. 그의 영화에서 지금-여기로 넘쳐나는 그 인물들의 캐릭터를 어떻게 속물성 하나로 귀결시키고 집약시킬 수 있다는 말인가.

배우나 스태프들의 증언 중에 자주 등장하는 게 촬영일 새벽에 대본 작업하는 홍상수의 이미지다. 이런 이미지 중에는 심지어 배추밭 앞에 앉아 글을 쓰는 홍상수도 있다. 아마 이것은 그의 연출의 경험론적 특성을 상징적으로 보여주는 생생한 증거일 것이다. 그리고 그 자리가 홍상수의 카메라맨이 만들어낼 수 있는 그 특이한 리얼리티가 탄생하는 맥락이기도 할 것이다.

내 주장은 이렇게 요약된다. 속물은 결코 그의 등장인물들의 다채로운 변신을 포획하는 '최종어휘final vocabulary' [13] 일 수 없다. 홍상수는 결코 인간의 저 지저분한 속물근성 따위나 고발하기 위해 뮤즈의 손길을 기다리며 새벽녘에 배추밭 같은 데서 쪼그리고 앉아 있을 위인이 아니다.

유목하기

차이

홍상수에게 확실하게 두드러지는 것은 '홍상수로서 두드러진다'는 사실이다. 작품에 명을 건 시네아스트치고 누군들 기존 체제로부터의 완전한 일탈을 꿈꾸지 않겠는가. 그러나 홍상수는 이 일탈하는 차이화의 방식, 체제와의 창의적 불화가 분비하는 차이에서 차이를 보이는 것 같다.

들뢰즈는 그의 이름을 널리 알린 텍스트『차이와 반복』에서 이렇게 말한다. "우리는 우리의 안팎에서 지극히 기계적이고 천편일률적인 반복들에 직면하고 있다. 그리고 동시에 그 반복들로부터 끊임없이 어떤 작은 차이, 이형, 변양들을 추출해내고 있다. 이것이 현대적 삶의 특징이다."[14] 이어서 그는 "삶의 과제는 차이가 분배되는 공간에 모든 반복들이 공존할 수 있도록 하는 데 있다."[15] 고 주장한다.

들뢰즈는 두 종류의 반복을 구분한다. '헐벗은 반복'과 '숨어있는 반복'이다. 전자는 그야말로 천편일률적인 기계적인 반복이고, 후자는 '변별적 차이소差異素'가 위장하여 자기를 바꾸는 반복, 쉽게 말해서 내부로부터 차이를 재생산해내는 반복이다. 물론 홍상수가 주제화하는 것은 후자다. 홍상수에게는 오직 하나의 주인공만 존재하고, 또 오직 하나의 서사만이 존재한다. 그리고 오직 하나의 카메라가 존재한다. 이 '하나'가 그 숨어있는 반복에서 무수한 지금-여기의 '차이'들로 범람해온다. '수컷의 성기가 마침내 암컷의 그것에 삽입되다.' 무엇이 새롭단 말인가. 홍상수는 이 진부한 일상성이 차이화하는 차이소들을 날카롭게 낚아챈다. '그 얘기가 그 얘기다.' 그런데 왜 홍상수를 이해한다는 게 그토록 어려운가. 그렇다. 우리를 멈춰 세우는 건 난해함이 아니라 현기증이다. '그 얘기가 그 얘기다.' 이 문장의 주어와 술어 사이에 놓인 아득한 거리에서 오는 현기증. 술어항의 '얘기'는 들뢰즈가 "결코 다 길어낼 수 없는 것들"[16] 이라고 불렀던 반복의 차이소들, 곧 '지금-여기'들이다. 그가 한 비평가와의 대화에서 말한 "상투적 경험의 다시 쳐다보기"[17] 에서 '다시 쳐다보기'란 이런 식으로 범람하는 '지금-여기'의 다른 이름에 지나지 않는다.

여기서 본질적인 물음을 제시해보자. 사건 존재론에서 이처럼 존재를 범람하는 차이, 차이화하는 차이의 흐름 안에 유동시키는 근원은 무엇인가. 라이프니츠, 들뢰즈 등에 따르면 그것은 차이가 환기시키는 실체의 부재, 비실체다. 이를테면 라이프니츠는 궁정여인들에게 세상에는 똑같은 나뭇잎이 없다는 사실을 확인시키기 위해 정원 산책을 권했다. 사람들은 이것을 유치하고 우스꽝스러운 실증적 태도라고 조롱했다. 그러나 라이프니츠의 의도는 훨씬 더 심원한 것이었으니, 그가 궁정여인들이 깨우쳐 얻기를 바랬던 것은 마치 과학자나 수사관들이 찾고 싶었던 것, 즉 일치 혹은 불일치의 증거, 낌새, 흔적 등이 아니라 차이, 사이, 무, 부재 등이었다.

> 궁정여인들의 자리에 과학 수사관들을 놓는다면, 절대적으로 똑같은 두 알갱이의 먼지는 없다. 똑같은 특이점들을 갖는 두 개의 손, 똑같은 방식으로 두드리는 두 대의 타자기, 똑같은 방식으로 총알을 내뿜는 두 정의 권총은 없다. [18]

수사관은 결론 '없다'에서 멈춘다. 그러나 철학자들은 '없다'에서 시작한다. '없음'이란 무엇인가. 없음을 주제화하면 있음은 술어항의 위치로 이동하면서 비상해진다. 이것이 라이프니츠로 하여 "왜 존재자는 있고 오히려 무는 없는가?" [19] 라고 묻게 만들었던 상황이다.

라이프니츠가 궁정여인들에게 정원을 산책하라고 권했던 이유는 결국 이 물음 앞에 서게 하기 위해서다. 홍상수는 라이프니츠가 권하지 않았는데도 정원을 산책하고, 또 정확히 라이프니츠가 원했던 지점에 서서 물음을 던진다. "왜 존재가 있고 없지 않은가?" 천재이기

놀고 있는 인간, 홍상수

189

때문이 아니라 새벽녘 배추밭 같은 데 앉아서도 멈추지 않았던 그의 글쓰기가 선물한 우연이다. 우연이란 언제나 이렇게 신비한 발자국으로 다가오는 것이기 때문이다.

내가 이 번쇄한 논의를 끌어들이고 있는 것은 홍상수가 주목한 '지금-여기'의 주술전치의 가능성을 탐색하기 위해서다. 《생활의 발견》에서, 《여자는 남자의 미래다》에서, 그리고 《해변의 여인》에서의 남녀 주인공들은 단지 수컷과 암컷의 짝짓기라는 인류학적 구조소構造素의 예증들이 아니다. 어쩌면 홍상수는 이 인물들을 통해 없음, 사소함, 부재들에 대해 라이프니츠나 들뢰즈처럼 '묻는'게 아니라 '놀고 있는 것'은 아닐까.

그래도 어쨌든 "대상을 재현하기에 앞서 이념을 드라마화하는 어떤 내적 차이들" [20] 을 짚어냈던 들뢰즈와 남녀조합의 무수한 가능성의 차이들을 독특한 눈썰미로 짚어내는 홍상수는 서로 먼 거리에 있지 않다. 둘 다 이념이나 실체에는 별 관심이 없다. 차이 자체가 중요한 것이다. 들뢰즈에 따르면 존재 아닌 무, 동일성 아닌 차이를 주목하는 것은 기존 사유의 전복을 그 비용으로 치러야 하는 변혁적인 것, 요컨대 실체론에 관한 사유에서의 코페르니쿠스적 혁명이다.

그런 전복 이후 존재는 생성을 통해, 동일성은 차이 나는 것을 통해, 일자는 다자를 통해 (…) 자신을 언명한다. 동일성이 일차적이지 않다는 것, 동일성은 원리로서 현존하지만 이차적 원리로서 생성을 마친 원리로서 현존한다는 것, 동일성은 차이나는 것의 둘레를 회전한다는 것. 이런 것이 코페르니쿠스적 혁명의 내용이다. [21]

들뢰즈가 언급하는 코페르니쿠스적 혁명의 핵심은 대체로 존재에서 생성으로, 일자에서 다자로, 동일성에서 차이로의 전환으로 요약된다. 결국 들뢰즈가 『차이와 반복』에서 전하고자 하는 메시지는 '사유의 코페르니쿠스적 혁명을 통해 당신의 삶을 유목화하라'는 것이다. 우리는 홍상수 영화들에서 그 주인공들이 훨씬 더 유혹적인 몸짓들로 전해주는 똑같은 메시지를 쉽게 확인할 수 있다.

가령 《강원도의 힘》(1998), 《오! 수정》(2000), 특히 《생활의 발견》(2002) 등은 반복과 거기서 분비되는 차이를 통해 우리 삶의 창의적인 생성, 유동성, 유목성을 연역 해낸다. 마치 니체의 '동일자의 영원한 회귀'에서처럼.

니체가 영원회귀를 통해 말하고자 한 것은 다른 것이 아니다. 영원회귀는 동일자의 회귀를 의미할 수 없다. 오히려 모든 선행하는 동일성이 폐기되고 와해되는 어떤 세계(힘의 의지의 세계)를 가정하기 때문이다. 회귀는 존재이다. 하지만 오직 생성의 존재일 뿐이다. 영원회귀는 '같은 것'을 되돌아오게 하지 않는다. 오히려 생성하는 것에 대해 회귀가 그 유일한 같음을 구성하는 것이다. 회귀, 그것은 생성 자체의 동일하게 -되기이다. 따라서 회귀는 유일한 동일성이다. [22]

결국 생성에서 되기becoming가 문제다. 여기서 되기를 오해하고 그 유목성을 짚어내지 못한다면 우리는 홍상수의 유희, 들뢰즈의 유목, 니체의 영원회귀를 필경 곡해하고 말 것이다. 홍상수는 《생활의 발견》에서 학습자 되기, 《극장전》의 주인공 되기, 《잘 알지도 못하면서》의 연인 되기를 통해 생성적 회귀를 무대화한다.

되기

홍상수는 동물 되기와 인간 되기 사이에서 왕복하는 윤리 공간에 대해 누구보다 첨예한 자의식을 가진 작가다. 되기는 생성의 한 양식이다. 그렇다면 생성은 무엇인가. 그것은 이기being와 이기 사이에서 단락, 혹은 결절되지 않는 끝없는 유동 자체다. 이를테면 '나뭇잎은 푸르다.'는 존재, 즉 이기의 패러다임에서 이뤄지는 진술이다. 그러나 '나뭇잎이 푸르게 되다.'는 전혀 다른 층위에서 진술되는 명제다. 되기는 실체가 아니라 실체의 이행이다. 이 유동하는 되기는 분명한 사건이고, 오직 이것만이 실제로 일어나고 있는 일임에도 그 자체로서 주목받는 경우는 거의 없다. 마치 황혼녘에야 날개를 펴는 미네르바의 부엉이처럼 사유는 되기가 특정한 결절점에 잠시 멈춰 어떤 변화된 실체와 같은 형상을 취할 때 비로소 작동하기 시작한다. 그러나 실체는 되기가 임시로 취하는 잠정적 형태일 뿐이며 곧 새로운 되기의 과정으로 이행해가야 할 '생성의 블록block of becoming' 23 에 지나지 않는다.

요컨대 되기에 주목해야 하고, 이렇게 주목하는 일이 중요하다. 되기를 이해하는 데 경계해야 할 것은 존재 패러다임의 막강한 관성이다. 우리에게 거의 숙명처럼 고착되어있는 이 '체계의 사유'를 떨치지 못하면 '되기'의 생성적 사유 패러다임을 우리는 감당할 수 없다. 되기란 존재가 차이를 분비하는 순간마다 대응되는 실체를 존재론적으로 통과하여 어떤 존재의 지점에 이르는 것을 지칭하는 게 아니다. 엘레아 학파의 제논은 바로 그런 길을 걷다가 마침내 저 유명한 역설에 마주치게 된 것이다. "실체화된 채 고정된 존재의 정지점을 통과해야 한다면 아킬레스는 거북이를 추월할 수 없고, 나는 화살은 과녁을 맞힐 수 없다."

베르그송이 비판했듯이, 운동이 통과한 궤적을 구슬처럼 꿴 것이 아니듯 되기 또한 통과한 실체를 퍼즐처럼 맞춘 게 아니다.

어쨌든 관건은 존재 패러다임과 생성 패러다임의 차이를 명확히 이해하는 것이다. 그래야, 되기에 함축된 들뢰즈/가타리 그리고 홍상수가 가끔 그 판위에서 벌이는 유희, 유목론적 생성론을 이해할 수 있게 된다. 되기란 생성 그 자체 혹은 들뢰즈/가타리의 표현 그대로 하자면 '생성의 블록'이다. 왜 우리는 되기를 이해하지 못하는가. 언제나 거기에 따라 붙는 표상 탓이다. 그 최종단계, 그 된 바의 존재에 시선을 맞추고 거기에 이르는 변화 과정을 거리나 좌표 공간으로 바꿔놓은 다음, 되기의 생성 블록에서 이뤄지는 무한한 변이를 그 좌표 안에 존재의 고정점들로 연속으로 배치, 투사해놓는 것이다.

이를테면 인간의 '쥐 되기'는 인간의 형상에서 쥐의 형상에 이르는 과정이 공간 표상으로 변안되고 그 공간 안에서 무수한 실체적인 인간, 즉 쥐로 점차 변신하는 존재의 표상들이 매개적 중간항들로 설정된 뒤, 우리가 이것들을 통과하여 마침내 쥐 되기에 이르는 것으로 생각한다. 그러나 들뢰즈/가타리의 '되기'는 이런 실체적 사태를 말하지 않는다. 되기가 그런 것이라면 우리에게는 어떤 되기도 불가능하다. 들뢰즈/가타리의 되기란 그야말로 순전한 되기, 변이, 그 자체를 말하다.

> 되기는 결코 관계 상호 간의 대응이 아니다. 그렇다고 해서 유사성도, 모방도, 더욱이 동일화도 아니다. (…) 그리고 특히 되기는 상상 속에서 일어나는 것이 아니다. (…) 되기는 꿈이 아니며 환상도 아니

다. 되기는 완전히 실재적이다. 그러나 어떤 실재성이 문제가 되고 있는가? 왜냐하면 동물 되기라는 것이 동물을 흉내 내거나 모방하는 것이 아니라 하더라도 인간이 실제로 동물이 될 수는 없으며, 동물 또한 실제로 다른 무엇이 될 수 없다는 것 또한 분명하기 때문이다. 이 되기는 자기 자신 외에는 아무것도 생산하지 않는다. [24]

헝가리의 뛰어난 탐미주의 영화작가 벨라 타르의 멋진 영화《파멸》(1987)의 마지막 시퀀스에서 주인공 카레르(미클로스 체켈리 분)는 자신이 뚜쟁이 노릇을 한 범죄를 경찰서로 찾아가 폭로한 뒤에 세찬 비가 쏟아지는 천변을 걷다가 우연히 덩치 큰 검정 개와 마주친다. 그러자 그는 반사적으로 몸을 개처럼 만들고 서로 마주 보며 한참 동안 으르렁댄다. 영화의 여러 시퀀스에서 스쳐 지나는 장면으로 등장하던 개와 정면으로 마주쳐서 마침내 주인공은 개 되기를 시도하는 것이다. 그러니 이 영화의 첫 장면, 공중 트레일러의 이동을 바라보는 주인공은 그 순간부터 개 되기를 시작하고 있는 것이다. 되기야말로 유목론적 존재방식을 극한의 형태로 전형화한다. 유목한다는 것은 종착지를 거부하는 순수한 유동성 자체이며 '이기'로부터의 무한한 미끄러짐이기 때문이다.

인간이 개로 되는 변신은 불가능하다. 이런 불가능한 종착지에 이르는 것이 되기의 목표가 아니다. 오히려 되기는 이기를 거부한다. 들뢰즈/가타리가 "인간의 동물-되기는 인간이 변해서 되는 동물이 실재하지 않더라도 실제적이다." [25] 라고 주장하는 것은 이 맥락에 있다. 되기는 하나의 과정이자 생성의 블록 자체이고 움직임의 그 역동성 자체이지, 어떤 고정적 실체로서 드러내야 할 무엇은 아니다.

왜 홍상수의 인간들은 종잡을 수 없는가. 왜 한 꾸러미의 술어항 목록들을 동원해도 문호를, 중래를, 경수를, 동수를, 고순을, 성옥을, 이 페르소나들의 정체를 잡아낼 수 없는가. 생성을 멈춘 캐릭터가 아니기 때문이다. 바꿔 말해서 들뢰즈가 아이온-Ion이라고 불렀던, 과거와 미래로 무한히 찢어져 나가는 이 순간의 되기, 그 되기의 역동성을 영화관 바깥으로까지 확장해내고 있기 때문이다.

되기는 결코 된 것이 아니다. 되기의 이 생성은 차라리 놀기playing라고 불러야 한다. 이런 맥락에서 홍상수는 되기에 대한 자신의 진술들이 되는 것의 불가능성 안에서 동요하는 흔들림 자체라는 것을 짚어냈을 것이다. 모든 주인공들의 정체성을 몇 개의 술어항으로 닫지 않을 뿐 아니라 《밤과 낮》(2007)의 애매한 포맷을 제외한 모든 작품들의 엔딩 크레딧을 그냥 열어두고 끝내는 게 그 증거다.

놀기 : 겸손

《잘 알지도 못하면서》의 주인공, 구경남 감독은 정확히 들뢰즈적 맥락에서의 경험론자다. 여기서 들뢰즈가 말하는 경험론자란 영국경험론자들처럼 모든 앎은 주체의 경험에서 나온다는 입장에 동조하거나 인식 형식의 선험성을 주장하는 합리주의 전통에 반대하는 이론가라는 뜻이 아니다. 어떤 개념들을 기존 정의나 용례의 굴레에서 풀어놓고 지금-여기의 구체성 위에서 새롭게 조형되어야 한다는 견해를 실천하는 사람이다. 이때의 경험은 단순 소박하게 표현하자면 '내가 오늘 이런 걸 새롭게 경험했어'라고 말할 때의 경험에 더 가깝다. 어떤 것에 대해 이미 알고 있는 사람에게는 그것에 대한 여기-지금에서 막 새로이 조형되기 시작하는 순수 경험은 불가능하다.

그래서 돈키호테에게 경험은 불가능했다. 그는 이미 모든 것을 텍스트를 통해 알아버린 자였기 때문이다. 그가 고향 라만차를 떠나 풍진만장한 세상에서 겪었던 온갖 모험은 경험이 아니라 확인이었을 뿐이다. 풍차가 '거인'으로, 양 떼가 '적군'으로 오인될 수밖에 없었던 것은 그에게 경험은 없고 오직 확인만 있었기 때문이다. 확인에서 새로운 것은 없다. 모든 것은 맞거나 틀릴 뿐이다. 돈키호테가 확인하기로는 풍차, 양 떼가 틀린 것이고 우리가 확인하기로는 거인, 적군이 틀린 것이다. 우리의 통사법 안에서 이 확인은 이렇게 언표된다. '돈키호테는 미쳤다.'

우리는 정상인가. 라캉은 우리의 확인도 다시 한 번 더 확인받아야 한다고 주장한다. 정확히 이것이 그가 상징계에서 큰 타자the Other를 끌어들이는 맥락이다. 이때 라캉은 들뢰즈 그리고 구경남으로부터 아주 먼 지점에 서 있다. 들뢰즈의 입장에서 라캉은 돈키호테의 확인이 오인이었음을 지적하는 데에 유용할 뿐이다.

경험론은 개념을 어떤 마주침의 대상으로, 지금-여기로 다룬다. 그보다는 오히려 결코 다 길어낼 수 없는 것들, '지금들'과 '여기들'이 항상 새롭고 항상 다르게 분배되는 가운데 무궁무진하게 생겨나는 어떤 에레혼인 것처럼 개념을 다룬다고 해야 한다. 개념들은 사물들 자체, '인류학적 술어들'을 넘어서 있는 자유롭고 야생적인 상태의 사물들 자체이다. [26]

이를테면 경험론자로서 상처, 희열, 타자 등의 개념을 이해한다는 것은 지금-여기의 지평 위에서 그것들을 놀게 하고 거기에 젖어드는 것이다. 하지만 이것은 비트겐슈타인 유의 언어 용도이론use theory of language [27] 과는 구분되어야 한다. 경험론적으로 이해한다는 것은 개념의 내포로 닫히는 쪽이 아니라 경험의 외연으로 열리는 쪽에 있기 때문이다.

구 감독이 《잘 알지도 못하면서》 제2부에 해당하는 제주강연에서 상영회를 마치고 관객들의 질문을 받는다. 그때 질문자가 "왜 사람들이 이해도 못 하는 영화를 계속 찍어요?"라는 도발적인 질문에 구 감독은 격앙된 목소리로 이렇게 답한다.

"이해가 안 가면 안 가는 거죠…. 저는 영화를 그냥 만드는 거고, 그걸 느끼는 사람이 있으면 좋은 거 아니에요? 제 영화에는 서사나 드라마도 없고 교훈이나 메시지도 없거나 불확실하고, 예쁘거나 좋은 화면도 없습니다. 제 능력과 기질은 하나뿐입니다. 정말 몰라서 들어가야 하고, 그 과정이 정말 발견하는 과정입니다. 제가 컨트롤 하는 게 아니라 과정이 나로 하여금 수렴하고 하나의 덩어리로 만드는 것뿐입니다. 결과물을 보고 아무도 이해 못할 수도 있겠죠. (…) 겸손하고 싶습니다."

겸손하고 싶다는 말을 아주 오만한 태도로 발화하는 이 유명한 감독에게 무명의 질문자는 결코 만만하게 물러서지 않는다. "뭐가 겸손이죠? 무책임한 거 아닌가요?"

앞에선 다소간 격앙된 목소리로 횡설수설하던 구 감독이 이 대목에서는 다소간 톤을 낮추고 그 제기된 문제에 대해서 비교적 정확하게 답한다.

"모르는 걸 모른다고 아는 것. 구체적인 걸 매번 만날 뿐 체계적으로 미리 갖지 않는 것. 매번 발견하는 것, 단지 감사하는 것. 지금 이 순간에."

구 감독이 주장하는 겸손의 의미가 바로 경험론의 핵심을 꿰는 것이다. 체계를 미리 갖고서 어떤 것에 마주하는 반경험론적인 태도는 일종의 폭력일 수밖에 없다. 왜냐하면 숙명적 환원주의에 빠져드는 것을 피할 수 없기 때문이다. 어떤 선입견, 선판단, 선술어 없이 하나의 개념을 순수한 여기-지금으로 만나보라. 아무리 거대한 그물로도 다 건져 올릴 수 없는 범람하는 의미들 혹은 들뢰즈가 부재의 장소 에레혼이라 불렀던 그런 순전한 지금, 여기들과 마주하게 되지 않겠는가. 매 순간 개념의 창조적인 의미들과 만날 수 있음은 분명 축복이며, 이 축복에 대해 우리가 해야 할 것은 구 감독의 말처럼 '단지 감사하는 것'뿐이다. 이 감사하는 것이 더러 '무책임한' 아름다운 영혼으로 보인다 하더라도 경험론의 이런 태도가 창작하는 작가에게 요청된다는 주장을 무화시킬 수는 없다.

이 구 감독의 발언은 들뢰즈가 『차이와 반복』에서 강조하는 다음과 같은 발언의 종요宗要를 꿰뚫는다.

> 이렇게 말할 수 있는 것은 경험주의자뿐이다. 나는 나의 개념들을 만들고 주조하고 부순다. 움직이고 있는 어떤 지평에서 언제나 탈중심화되고 있는 어떤 중심으로부터, 개념들을 반복하고 분화시키면서 언제나 위치를 바꾸는 어떤 주변으로부터 그렇게 한다. [28]

구 감독이 자신의 영화에는 "서사도 드라마도 없고, 교훈이나 메시지가 없거나 불확실하고, 예쁘거나 좋은 화면이 없다."고 말하는 것은 들뢰즈가 말하고 있는 이런 경험론의 맥락에 충실히 카메라의 동선을 그려나간다는 것을 확인하는 발언인 셈이다. 이 영화에서 구 감독이 홍상수로 확인될 수 있는 맥락이 있다면 바로 이 위치이다.

놀기 : 짝짓기에서 짝찾기로?

《밤과 낮》의 김성남이 짝짓기의 오디세우스적 편력을 마치고 집으로 무사히 귀환하면서 수상한 낌새를 보이더니 《잘 알지도 못하면서》에서 구경남의 후배 부상용은 드디어 짝찾기를 소리 높여 외친다. 마침내 《하하하》에서 방중식은 그렇게 찾은 짝과 떠나는 행복한 여행으로 막을 내린다. 여기서 홍상수 영화 관객들은 잠시 어리둥절해진다. 이제 홍상수도 마침내 순애보를 찍을 수 있을 만큼 철들어버리고 마는 것인가. 그도 이제 별수 없이 차이의 지층에서 동일성의 지평으로 회귀하는가.

회전의 극점에서 팽이가 멈춰 선 것처럼 보이듯 '되기'가 특이점 '되는 것'을 통과할 때 '이기'로 보일 수 있다. 유목의 지평에서 짝짓기와 짝찾기는 일방성의 벡터가 아니라 숱한 순환의 한 결절일 따름이다. 허문영은 《잘 알지도 못하면서》의 고순이 구경남에게 남편 양천수에 대해 평하면서 했던 말 '당신보다 나은 사람이에요.'를 지적하면서 '홍상수의 영화 구조를 무너뜨릴 수도 있는 위태로운 발언'으로 들려 충격을 받았다고 한다. 그 이유는 "텍스트 내부에 더 나은 존재가 있다고 혹은 의미의 고정점이 되는 인물이 있다고 영화가 선언하고서도 위계가 없기에 약동했던 기표들의 활력을 보존할 수 있을"[29] 지가 의문스러웠기 때문이다. 하지만 매끄러운 유목의 평판 위에 '나아요'란 또 얼마나 허망한 기표인가. 라캉을 인용할 것도 없이 우리 정상인들 사이에서도 기의는 기표 밑으로의 무한한 미끄러짐을 통해

소통의 유목을 거듭한다.

놀기 : 홍상수식 푼크툼

멜로드라마와의 불화는 홍상수에게 태생적 특성처럼 느껴진다. 어쨌든 그는 인간의 근원적 비극성을 심원한 울림으로 흔들어 깨워주는 감동적 장면들을 프레임 바깥으로 영원히 추방해버린 것 같다. 《매트릭스》같은 공상과학 장르에서조차 눌러둘 수 없는 한줄기 눈물로 화답해야 하는 장면이 있거늘 왜 홍상수에게는 그런 게 없는가. 이창동, 박찬욱, 심지어 김기덕에게조차 어렵지 않게 볼 수 있는 그런 컷 하나가 그에게는 왜 없을까.

홍상수에게도 그것이 있다는 주장을 나는 제기하겠다. 존재방식이 문제다. 한스 홀바인의 그림 《대사들》에서의 해골처럼 그것은 그의 작품 안에 논리의 실타래가 두세 번쯤 꼬인 채 삐딱하게 놓여있다. 나는 그것을 홍상수식 푼크툼punctum이라고 부르겠다.

롤랑 바르트는 두 종류의 사진을 구분했다. 하나는 안정된 구도와 질서정연한 배치, 균형 잡힌 명암 등 흔히 보고 좋다, 아름답다고 느끼게 되는 사진 곧 스투디움studium의 사진이고, 다른 하나는 뭔가 우리의 정신에 드리워지는 불편함, 멍울처럼 남는 결절, 시선의 흐름을 걸리게 하는 단락, 눈을 떼고 나서도 잔영으로 남아 생각을 멈칫거리게 하는 그 무엇을 담은 사진, 즉 푼크툼의 사진이다. 나는 이 바르트적 푼크툼을 홍상수 영화에서 만난다. 그의 영화에 돌연한 틈을 만드는 푼크툼은 우리를 멈춰 세우고, 어리둥절하게 만들고, 턱에 걸린 것같이 의식을 휘청거리게 하고, 뭔가 끝내 삭이지 못하는 불편함, 거북함, 때로는 눌러둘 수 없는 용수철처럼 눌려져 있다가, 산산이 터져 나오는 웃음으로 분출되기도 한다. 그것은 이를테면 《돼지가 우물에 빠진 날》에서 구두 가게 종업원의 뚱딴지같은 위해危害의 손짓 같은 것이고, 《생활의 발견》에서 경수가 선영의 남편에게 보내는 대자보 위의 실로 묶은 감 같은 것이고, 《하하하》에서 왕성옥이 바람피운 남친을 업어주겠다고 떼쓰는 장면 같은 것이고, 모텔 로비에서 기다리겠다고 한 조문경에게 왕성옥이 뜬금없이 내팽개쳐놓고 가버린 녹색 풀 한 줌 같은 것이다. 라캉이라면 '실재' 혹은 '대상 a'라고 불렀을 이런 것들은 돌연히 나타나 서사의 의미망에 난폭하게 구멍을 내고는 그 바깥으로 곧장 빠져나가 버린다. 우리는 당연히 혼란스러워진다. 무슨 의미냐고 물을 수 있고 답할 수 있을 것이다. 그러나 그런 멜로코드의 바깥에 다른 몽타주처럼 놓일 때, 홍상수식 푼크툼의 위력은 막강해진다.

놀기 : 풀어줘

홍상수는 룸펜 부르주아 시네아스트인가. 우리 시대의 아방가르드인가, 실험주의자인가. 그는 탈형식주의자인가, 진화론자인가, 반윤리주의자인가. 아마 조금씩은 그럴 것이다. 생성 중인 작가는 작가 중인 생성이기도 하기 때문이다. 내 제안은 이 생성에 딴죽 걸지 말자는 것이다. 모든 주의자의 라벨을 홍상수에게서 지우고 그냥 그가 놀게, 뛰놀게 놓아두자. 그에게 구태여 타이틀을 덧씌워줘야 한다면 니체가 『차라투스트라는 이렇게 말했다』의 '정신의 삼 단계'에서 말했던 '유희하는 아이das spielende Kind' 정도로 족할 것 같다.[30] 이 아이는 그냥 자기 힘으로 움직이는 정신, 순수한 자기 놀이에 빠져있는 의식, 그저 그냥 아이이다.

적어도 지금 상태에서 홍상수에 대한 우호적인 담론도, 비판적인 담론도 모두 그가 유희하는 유목의 지평에 홈파는 작업으로 귀결될 위험이 있다. 모든 구분, 모든 대립, 모든 분별, 모든 철듦을 단호히 넘어서서 그냥 순전히 눈앞의 놀이에 '신 나는 맹목berselige Blindheit'으로 빠져드는 존재. 홍상수를 이런 유희하는 자유로운 정신으로 풀어주는 것, 이것이 우리가 그에게 보낼 수 있는 최대의 경의일 듯하다.

어느 개 죽음, 한심한

무대를 향해 깔린 화려한 레드 카펫이든

지하실로 통하는 황폐한 계단이든

내가 몸을 끌고 들어서야 하는

운명의 길에서는 단호해야 한다.

카프카와 두 개의 손

검은 옷을 입은 정체불명의 낯선 방문객들이 죄 없는 당신에게 들이 닥쳐 '넌 체포되었어.'라고 말한다면 당신은 어떻게 반응하겠는가. 카 프카의 소설 『심판』은 이렇게 시작된다. 주인공 K는 서른 살 생일 아 침 자신의 하숙집에서 까닭 없이 체포되는 것이다. 체포된 K는 다른 방에서 기다리고 있던 감독에게 심문을 받게 되는데 그것은 심문이 라기보다는 차라리 체포 사실의 공식적인 통지이자 확인이었을 뿐 이다.

하지만 K는 고분고분하게 자신이 체포되었다는 사실을 시인하고, 얼떨결에 타협안까지 제시하며 악수를 청한다.

"자, 여러분" 하고 K는 입을 열었다. 깜빡 그가 이 모든 일에 책임이 있는 것처럼 느껴지기도 했다. "여러분의 태도들로 보아 내 문제는 이제 해결된 것 같군요. 제 생각으로는 당신들의 행동의 옳고 그름에 대해서는 더 이상 귀찮게 실랑이 하지 말고 악수나 하는 것으로 이 문제를 원만히 해결하는 게 최선인 듯합니다. 저와 생각이 같으시다 면, 자…." 이렇게 말하고 그는 감독의 책상 쪽으로 걸어가서 손을 내 밀었다. 감독은 눈을 들어 입술을 깨물고 그를 향해 내민 K의 손을 바라보았다. [1]

자신의 무죄를 주장하고 체포의 부당성을 지적하며 격렬하게 항변해야 할 K의 이 한심한 처신을 우리는 어떻게 이해해야 하는가. 악수를 위해 내민 K의 손은 헛물을 켠 채 잠시 허공에 매달리고 감독은 이 손을 물끄러미 바라본다. 상대에 의해 거부된 손 그래서 부끄러워진 손, 이 손이 감독의 눈앞에서 서글프게 흔들거린다.

『심판』에는 경첩 같은 두 개의 손이 등장한다. 하나는 서른 살 생일 아침 요제프 K가 낯선 방문자인 감독에게 내민 이 손이고, 다른 하나는 서른한 살 생일 전날 밤 K를 채석장으로 끌고 가서 아무 말 없이 그의 심장을 칼로 찌른 또 다른 낯선 방문객의 손이다.

K는 손을 들었고, 모든 손가락을 활짝 폈다. 하지만 하나의 손이 이미 K의 목을 붙잡았고, 다른 하나는 칼을 그의 심장 깊숙이 찔렀고 돌려서 두 번이나 더 찔렀다. [2]

이 손이 멈출 때 소설도 멈춘다. 요컨대 소설은 이 두 손 사이에 놓이는 시공간 안에서 펼쳐진다.

대체 K는 왜 이토록 고분고분한가. 푸코, 들뢰즈, 하버마스, 네그리 등이 인상적인 문체로 논급한 생체정치학biopolitics의 관점에서 보면 답은 간단하다. K의 육체는 이미 어떤 힘에 의해 식민화, 영토화, 코드화 되어있기 때문이다. 이렇게 식민화된 몸은 상황에 따라 처신하는 게 아니라 회로에 따라 작동한다. 이를테면 악수를 위해 내미는 손, 은행으로 끌리는 몸 등은 K의 식민화된 육체 안에 새겨진 회로의 작동방식이다.

살인 집행자의 손이 악수를 거부했던 감독의 손인지는 알 수 없다. 카프카의 소설이 늘 그렇듯이 이 작품에도 워낙 알 수 없는 부조리한 얘기들이 범람한다. 그럼에도 불구하고 분명한 것은 K의 죽음이 감독에 의해 거부된 K의 손과 어떤 식으로든 연관된다는 것이다.

"어떻게 너에게는 모든 일이 그렇게 간단하기만 해."[3] 악수를 거부하고 K를 향해 감독이 내뱉는 질책이다. 옳은 말이다. 아침에 일어나 잠자리를 정돈하고 씻고 입고 먹고 일터로 나서는 이 진부한 일들도 나름대로 다 준열한 것들이거늘 하물며 영장 없이 체포되고 죄목 없이 조사받는 처지에 내몰린 K, 그가 지금 서로 악수나 하자고 손을 내밀고 있으니.

악수를 청하며 내민 손에서 K의 생체정치를 단박에 꿰뚫어본 감독은 여기서 감시자가 아니라 판결자로 자신의 정체성을 드러낸다. 체포되었다는 것을 저항 없이 받아들인 것도 알고, K가 여기서 빠져나가는 대로 곧장 은행으로 가고 싶어 하는 것도 알고 있는 그는 K의 손을 허공에 잠시 멈추게 함으로써 이 상황에서 하나의 판결을 K에게 던져주었던 것이다.

'너는 유죄다.' 이제 두 번째 손이 이 판결을 집행한다. 이 손이 예리한 단도로 K의 심장을 찌르고 거푸 두 번이나 다시 찌를 때 K가 내뱉었던 마지막 말은 이것이다. "개 같은like a dog!"[4] 이게 무슨 뜻인가. 누구를 향한 독설인가.

잘 사는 삶, 잘 죽는 죽음

좋은 죽음, 멋진 사망, 숭고한 서거가 불가능한 이유는 단수 일인칭 과거형으로 '나는 죽었다'가 불가능한 이유와 같다. 생각할수록 경탄스러운 에피쿠로스의 명제 '죽음은 없다'도 이 사실을 지적하고 있다.[5] 결국 좋은 죽음을 주제화하는 모든 담론은 니체가 '영국심리학자들의 오류'[6]라고 명명했던 모순, 즉 개념의 발생지를 잘못된 장소에서 찾는 오류를 피할 수 없다.

니체에 의하면 well, good, fine 등 현재 유통되고 있는 가치 언어들은 오류와 망각의 역사 안에서 탄생한 것들이다. 니체가 영국심리학자들이라고 비아냥거렸던 공리주의자들은 먼저 좋음과 나쁨을 행위의 주체가 아니라 객체의 입장에서 판정하고는 곧 그 기원을 은폐함으로써 그 자체를 가치로서 실체화시켜놓았다. 도덕 계보학의 모든 혼란은 여기서 비롯된다. 당연히 새로운 계보학은 이 오류의 역사를 청산하는 데서 시작해야 한다. 어쨌든 이러한 계보학적 성찰을 통해서 분명해지는 사실은 가치가 행위 객체에서가 아니라 주체에서, 특히 '거리의 파토스Pathos der Distanz'를 스스로 향유하는 강자에서 탄생한다는 것이다.[7]

만일 우리가 니체에 동의하여 가치의 기원을 객체가 아닌 주체에서 찾는다면 웰다잉은 불가능하다. dying으로 주체가 사라질 때 well도 사라져야 한다. 결국 well은 dying을 거부하고, dying은 well을 배제한다. 다시 말하면 well, good, fine 등은 행위 주체가 승인하는 가치들이어야 하고, 그렇게 승인하려면 주체가 살아남아야 한다는 것이다. 물론 유족, 친지, 살아남은 자 등 객체들에게 망자의 '좋은well'

죽음이 의미나 가치가 없다는 것은 아니다. 그러나 그때의 의미나 가치는 인간실존의 한계상황으로서의 '죽음'과는 아무 상관 없다는 것이다.

요제프 K는 사는 법을 잘 알지 못했고, 그래서 잘 살지 못했다. 우리는 생체정치학적으로 영토화 된 자신의 육체를 해방시키고 모든 억압코드에 저항하는 열정의 주인공 K를 상상하지 못한다. 그래서 '개 같은!'을 외치고 죽은 K의 죽음은 난해하다. 우리는 그가 무슨 죄로 기소되었는지 알지 못하고, 그 죄가 서른한 살 생일 하루 전날 밤 채석장에서 처형될만한 중죄였는지도 알지 못한다.

에피쿠로스의 퍼포먼스

쾌락을 생의 목표로 설정했던 에피쿠로스가 해결해야 했던 난제는 죽음의 공포였다. 에피쿠로스에 따르면 모든 공포의 근원은 독사doxa 즉 상식, 통념, 견해 등에 바탕하는 잘못된 관념이다. 그러므로 비트겐슈타인 식으로 말하자면 공포는 상황의 개선을 통해서 해결solving 돼야 하는 어떤 것이 아니라 사고의 교정을 통해서 해소dissolving돼야 하는 어떤 것이다.

그래서 그는 다양한 처방들을 제시한다. 이를테면 신, 죽음, 좋은 것, 나쁜 것에 대한 에피스테메episteme(바른 앎)를 처방한 테트라파마르코스tetraphamarkos [8] 같은 것이 그것이다. 실제로 에피쿠로스는 자신의 정원에서 자신이 정한 격률에 따라 마지막 순간까지 쾌락을 향유하다 죽었다. 특히 임종 현장에서 이러한 철학 원리를 직접 실천해 보임으로써 어떻게 고통조차 쾌락으로 승화될 수 있는지 친구와 제자들에게 직접 보여주었다. 제자 디오게네스 라에르티우스는 스승의 죽음의 침상을 이렇게 전한다.

에피쿠로스는 소변을 보기 힘든 담석으로 14일 동안의 와병 끝에 죽었다고 헤르마쿠스는 그의 편지에 쓰고 있다. 헤르마쿠스는 또 에피쿠로스가 더운물로 채워진 청동 욕조에 올라가서 한 컵의 와인을 청했고, 그것을 꿀꺽꿀꺽 마셨다고 한다. 그리고는 친구들에게 그의 가르침을 기억하라고 말했다는데 이것이 그가 죽어갔던 방법이다. [9]

기록에 따르면 에피쿠로스는 하반신을 으스러트리는 것 같은 끔찍한 고통을 순전히 자기 철학의 실천 원리에 따라 초인적으로 극복하며 죽음과 마주했다. [10] 소크라테스는 죽음 앞에서 농담했고, 카토는 죽음 앞에서 자신의 장기臟器를 번롱翻弄했다. 그러나 에피쿠로스는 죽음 자체를 향유했다. 이 영웅적 죽음을 통해 에피쿠로스는 우리에게 다음과 같은 두 가지 사실을 일깨워준다. 하나는 죽음의 공포와 고통의 공포는 구분해야 한다는 것이고, 다른 하나는 그 고통은 극복될 수 있다는 것이다.

에피쿠로스는 이런 마지막 퍼포먼스를 통해 메노에세우스에게 보낸 편지에서의 저 유명한 명제 '인간에게 죽음은 없다'를 실천적으로 증명해 보였다.

그러므로 가장 끔찍하게 나쁜 것인 죽음은 우리에게 아무것도 아니다. 왜냐하면 우리가 있는 동안에 죽음은 나타나지 않기 때문이다.

죽음이 나타났을 때에는 우리는 존재하지 않는다. 따라서 죽음은 산 자에게도 또 죽은 자에게도 없는 것이다. 왜냐하면 그것은 산자에게 는 나타나지 않고, 죽은 자는 더 이상 존재하지 않기 때문이다. [11]

뛰어난 에피쿠로스 비평가 제임스 워런이 주석하고 있듯이 죽음 은 결코 주체와 동시간적일 수 없다. 왜냐하면 죽음은 그 정의에 의 하면 주체의 부재이기 때문이다. [12] 결국 먼저 풀어야 하는 난제는 독 사에서 나오는 오류판단, 죽음의 공포를 털어내고 그 에피스테메를 획득하는 것이다. 에피쿠로스는 죽음을 정확히 꿰뚫어보는 참된 인 식, 즉 에피스테메에 의해 거기서 파생되는 모든 공포를 해소할 수 있 다고 단정한다. 그의 변함없는 확신은 "만일 우리가 죽음의 공포를 멈추게 한다면 삶이란 더없이 즐겁고 행복한 것일 수 있다." [13] 는 것 이다. '인간에게 죽음은 없다'라는 사실을 인상 깊은 어휘로 논변했 던 에피쿠로스의 메시지는 "죽음의 공포를 극복한다면 죽음조차 쾌 락일 수 있다." [14] 라는 결론으로 요약할 수 있다.

죽음의 본질직관Wesensanschauung인 에피스테메 덕분에 그 공포에 휘둘리지 않고 초연할 수 있는 평온한 마음 상태를 에피쿠로스는 우 리가 잘 아는 대로 아타락시아ataraxia라고 명명했다. "아타락시아를 획득하는 것은 완전한 삶을 사는 데 필요하고 충분한 조건이다. (…) 아타락시아는 일체의 정신적 고통이 부재한 상태. 공포와 불안은 정신적 고통의 유species에 속한다. 따라서 아타락시아는 공포와 불안 의 부재 상태." [15] 죽음의 공포 앞에서 에피쿠로스가 우리에게 주는 무상명령은 "죽음을 두려움으로 흐릿하게 상상하지 말고, 담대함으 로 명증하게 사고하라"는 것이다. 어쨌든 우리에게 중요한 것은 적어도 에피쿠로스라고 불리는 한 명의 쾌락주의자가 있었고, 그는 죽음을 쾌락으로까지 승화시킬 수 있다는 것을 보여주었다는 사실이다.

K의 문제는 삶과 죽음에 대한 최소한의 에피스테메조차 결여되어 있다는 것이다. 이 사실을 상징적으로 보여주는 에피소드가 성당에 은행고객을 만나러 갔다가 우연히 신부에게서 듣게 되는 '법정을 찾아온 시골 사람' 이야기다. [16]

시골남자가 법정 앞 문지기에게 찾아와 안으로 들여보내 달라고 사정한다. 그러자 문지기는 지금은 안 된다고 거절한다. 다시 간청했지만 또다시 거절당한다. 시골 사람은 거기서 오랜 세월을 보내며 거듭거듭 애원해보았지만, 그때마다 문지기는 아직은 안 된다고 물리치면서도 이런 말을 덧붙였다. "그렇게 들어가 보고 싶다면 내 명령을 어기면서라도 들어가 보게. 안에는 또 여러 문이 있고, 그곳에는 나보다 더 지독하고 무서운 문지기들이 지키고 있지. 어쨌든 명령 위반 결과는 자네가 책임져야 해." 문지기의 이런 협박에 모험을 체념하고 때가 되길 기다리다 늙고 병들어 숨이 끊어질 무렵 시골 사람이 문지기에게 이렇게 묻는다. "모든 사람이 법을 요구하고 있어요. 그런데 나밖에는 아무도 법정에 들어가 보려는 사람이 없는 건 무슨 까닭인가요?" 문지기가 답해주었다. "이것은 자네만이 들어갈 수 있는 문이야. 다른 사람들은 들어갈 수 없어. 자, 이제 나도 문을 닫고 가봐야지." 결과적으로 법정의 에피스테메를 찾는 이 시골 사람을 가련한 희생자로 만들었던 것은 문지기의 독사였던 셈이다.

죽음의 독사를 털어내고 에피스테메를 취하고자 한다면 죽음의 문을 지키는 무서운 문지기를 밀쳐내고 문 안으로 들어가 봐야 한다. 말하자면 K는 자신의 법정 문밖에서 서성거리고 배회하다 삶을 마친 또 다른 시골사람이었다. 오직 그를 위해 열려있었던 그 '소송'의 문 안으로 과감히 들어가기를 모험해봤어야 했다. 핵심은 K가 그 문 바깥에서 서성이며 삶의 시간을 낭비하다 죽었다는 것이다. 이것에 견주면 그 죽음을 집행한 손의 주체가 상부의 사자使者인가 운명의 신인가 하는 것은 차라리 부차적인 문제에 지나지 않는다.

몽테뉴의 투시점

몽테뉴가 『에세이』에서 탄력 넘치는 언어와 현란한 논리로 전개한 '죽음에 대한 성찰'을 빼고 죽음을 논할 수 없을 것이다. 그는 먼저 키케로의 명제 "철학을 연구한다는 건 자신의 죽음을 준비하는 것일 뿐"[17] 이라는 주장에 동의하는 데서 출발한다. 탈레스 이래 철학이 이뤄놓은 장강 같은 논변은 결국 죽음의 준비에 초점을 맞추고 있다는 것이다.

그렇다면 죽음을 어떻게 준비해야 하는가. 몽테뉴는 대체로 세 가지 태도를 검토한다. 첫째, 아예 외면하고 등을 돌리다가 죽음의 순간 그 짧은 순간이 지나가길 기다리는 것이다. 몽테뉴가 '통속요법'[18] 이라고 불렀던 이것은 나름대로 현명한 처신처럼 보인다. 죽음의 그 짧은 순간 때문에 긴 생애가 두려움과 고통 속에 저물어가게 놓아둔다는 것은 확실히 어리석은 일이다. 키케로가 말했듯이 "우리가 밤낮으로 저 피할 수 없는 죽음이 임박했다는 사실을 생각해야 한다면 우리의 삶에 무슨 기쁨이 있겠는가?"[19]

몽테뉴에 따르면 "죽음에 대해 언급하는 것만으로도 소스라치게 놀라고 악마의 이름을 듣기라도 했듯 황망히 성호를 그어대는 대중들"[20]에게 이것은 아주 흔히 찾아볼 수 있는 태도다. 여기서 그는 이렇게 반문한다. "도대체 어떤 무지막지한 어리석음에서 그토록 철저한 맹목성을 끌어낼 수 있단 말인가?"[21] 죽음에 대한 공포를 애써 외면한다는 게 사실은 생애 동안 이어지는 비참한 곁눈질로 끝날 수도 있다. 죽음은 외면한다고 사라지고 등 돌린다고 제거되는 현실이 아니다. 죽음의 끝 순간이지만 죽음의 진행은 삶과 함께한다.

둘째는 앉으나 서나 죽음을 생각하며 대비하는 태도다. 널리 알려진 슬로건인 메멘토 모리memento mori에 함축된 지혜이기도 하다. 몽테뉴는 이러한 태도가 나름대로 합리적인 이유에 의한 것이라고 말한다. 죽음은 피할 수 없고 그 피할 수 없는 일에 어떤 대비도 없다면 당사자는 마침내 감당하기 어려운 비용을 치러야 할 수도 있기 때문이다.

우리는 우리의 땅에 용감히 버티어 서서 그것과 싸우는 법을 배워야 한다. 죽음이 우리에 대해 행사하는 최대의 이점을 빼앗는 것에서 시작하기 위해 통상적인 코스와는 완전히 반대되는 길을 취하도록 하자. 그리고 어떤 것도 죽음처럼 우리 사유 안에서 익숙한 것이 없도록 하자. 모든 경우에 모든 형상의 죽음을 우리 상상 가운데로 가져와 보자. 가령 말이 휘청거릴 때, 기왓장이 떨어질 때, 바늘에 찔릴 때, 곧장 생각해서 자신에게 말하자. '좋아, 이것이 죽음이라면 어때?' 그래서 용기를 북돋우고 강건해지자.[22]

죽음을 생각하는 자, 죽음을 준비하는 자, 곧 키케로적 몽테뉴적 의미에서 철학하는 자는 여기서 얻은 지혜 때문에 삶에서 굴종을 털어버리고 '자유'를 획득하게 된다. 나중에 언급하겠지만, 이런 주장은 '죽음에의 선구Vorlaufen zum Tode'가 궁극적으로 자유와 연관한다는 하이데거의 주장 23 과 같은 맥락에 있다.

죽음이 어디서 우리를 기다리고 있는지는 불확실하다. 어디에서나 그것을 기다리자. 죽음에 대해 미리 숙고하는 것은 곧 자유에 대해 미리 숙고하는 것이다. 죽음을 배운 자는 굴종을 잊은 자다. 삶을 잃는 게 나쁜 일이 아니라는 것을 제대로 이해한 사람에게는 삶에서 나쁜 게 없다. 어떻게 죽는가를 아는 것은 우리를 종속과 굴레에서 풀어준다. 24

하지만 이럴 경우 자칫 우리의 삶이 온통 죽음의 칙칙한 색채로 물들 수 있다. 메멘토 모리, 매 순간의 죽음의 연습 등이 아무리 현명하고 합리적인 태도라 하더라도 그것을 실천하며 산다는 것은 또 다른 문제. 몽테뉴는 거듭 죽음에 대한 과잉된 의식은 삶에 해로운 것임을 경고한다. "오직 한 번뿐일 일에 무얼 그리 슬퍼하는가. 곧 끝날 일을 그토록 오랫동안 두려워하는 일이 과연 합당하단 말인가." 25

셋째는, 죽음의 에피스테메를 갖는 것이다. 몽테뉴는 여기서 이 에피스테메가 희랍어로 에이도스 즉 보는 태도와 연관되어있다는 어원학적 사실을 놓치지 않는다. 죽음의 에피스테메는 죽음을 조망하는 적절한 위치에서 정확히 보는 데서 얻을 수 있다. 여기서 몽테뉴는 죽음을 단지 상상하거나 생각하는 것과 죽음을 '보는 것aspicere' 사이에 놓이는 중대한 차이에 주목한다.

이 대목에서 몽테뉴는 독자들에게 '카이사르의 투시법'을 상기시킨다. 카이사르는 『갈리아 전쟁기』에서 "사물은 가끔 가까이서보다 멀리서 더 커 보인다."[26] 고 말하고 있다. 낯설고 두려운 것들일수록 더 그렇다는 것이다. 시각 경험에서 심리적 간섭이 야기시키는 이 착시현상을 역이용하여 카이사르는 전술을 구사할 때, 반드시 적敵이 충분히 작아지는 지점까지 다가선 다음에 진격 명령을 내렸다. 멀리서 볼수록, 두려울수록, 죽음은 공포스러운 대상이다. 그렇다면 죽음을 제대로 볼 수 있는 투시점은 어디쯤 설정돼야 하는가. 몽테뉴는 적당한 질병과 늙음이라고 말한다. 그런 것이 끌어주는 가까운 거리에서 볼 때 우리는 죽음의 에피스테메를 얻을 수 있다. 그에 따르면 죽음에서 너무 먼 거리에 설정된 투시점, 말하자면 건강과 젊음의 절정에서 바라본 죽음은 상상력에 의해 부풀려진 독사일 뿐이다.

같은 이유로 몽테뉴는 '복면visor'의 메타포를 끌어오기도 한다. 투시점이 멀어지면 죽음은 단지 커 보이기만 하는 게 아니라 복면 쓴 모습으로 나타나기도 한다. "아이들은 복면으로 위장하면 가장 친한 친구에 대해서조차 두려움에 떨게 된다. 그것은 우리에게도 마찬가지다. 사물에서 뿐 아니라 사람에게서도 복면을 벗겨내야 한다."[27] 이런 주장들은 결국 죽음의 공포에 대해 독사를 털어버리고 에피스테메를 가져야 한다는 에피쿠로스의 충고를 다른 맥락에서 반복하고 있는 셈이다.

그러나 몽테뉴는 거기서 더 나아간다. 죽음의 에피스테메를 갖게 된 다음에는 마침내 죽음과 화해하지 않으면 안 된다는 것이다.

자연은 우리를 강제한다. 이 세계에서 나가라고. 네가 여기로 들어온 것처럼 네가 죽음에서 삶으로 들어설 때 거쳤던 그 길을 열정이나 두려움 없이 똑같은 길, 똑같은 방식을 거쳐 삶에서 죽음으로 이행해라. 네 죽음은 우주 질서의 한 부분이다. 내가 너만을 위해 사물의 이 아름다운 질서를 바꿔야 하는가. 이것이 네가 창조된 조건이다. 죽음은 너의 일부다. (…) 탄생의 첫날이 죽음의 첫날이다. (…) 다른 사람들이 너에게 했던 것처럼 너도 다른 사람에게 자리를 내줘라. [28]

『심판』에는 K가 설정하는 투시점의 위치를 상징적으로 보여주는 두 번의 결정적 장면이 있다. 첫째는 서른 살 생일 아침 하숙집에 검은 옷을 입은 낯선 두 사람이 방문 했던 날이고, 둘째는 서른한 살 생일 전날 밤 하숙집에 역시 검은 예복을 입은 낯선 두 사람이 방문했던 날이다. 첫째 장면에서 예기치 않은 낯선 두 남자의 돌연한 방문을 받고 체포되었다는 통지를 받았을 뿐 아니라 아침 밥상마저 그들에게 뺏긴 처지인데도 K의 투시점은 엉뚱한 곳에 설치된다.

자신이 아무 이유 없이 체포되었다는 사실을 주위에 알리는 일로 감독과 옥신각신하는 그 경황에 K의 시선은 뜬금없이 하숙집 맞은편 창문에서 이쪽을 구경하는 세 명의 구경꾼에게로 향한다.

K는 창문 쪽으로 다가갔다. 길 건너 창에는 여전히 세 명의 구경꾼이 바라보고 있었고, 창문에 K가 나타나자 이 광경을 즐기던 그들이 처음으로 약간의 방해를 받았다. 노인 두 명은 물러설 듯이 흠칫거렸으나 뒤에 있던 사람이 그들을 다독였다. "여기 대단한 구경꾼들이 모여있네요." K가 감독에게 큰소리로 외쳤다. [29]

한심한 처지에 놓인 K가 창문 저쪽 구경꾼들 걱정이나 하고 있는
것이다. 자신의 구경꾼들의 구경을 구경하고 그것에 비상하게 마음을
쓰는 K. 하숙집 장면에서만 네다섯 번 이상 K의 시선은 시나브로 구
경꾼을 구경하는 투시점으로 이동한다.

둘째 장면, 이것은 진정 백척간두의 위기 상황이었다. 갑자기 찾아
온 낯선 두 사람이 K를 어디론가 끌고 가는 그 상황에서 그의 시선
은 여전히 불 켜진 맞은 편 창에서 놀고 있는 아이들을 향해있거나,
앞서 가는 여자 행인을 쫓거나 한다. 마침내 채석장으로 K를 데리고
온 두 남자가 그를 돌벼랑 밑 어느 자리에 부자연스러운 자세로 앉히
고 날카롭게 날이 선 얄팍한 칼을 꺼내 들어 가슴을 찌르려는 그 절
체절명의 순간, K의 시선은 난데없이 채석장 맞은편 집 맨 위층을 향
한다.

그는 채석장 가까이에 있는 집 꼭대기 층으로 시선을 던졌다. 켜지
는 불빛 하나가 반짝거리더니 그곳 창의 여닫이문이 갑자기 열렸다.
멀고 높았던 탓에 흐릿하고 허깨비 같아 보이는 한 인간 형상이 돌
연히 앞으로 몸을 굽히더니 양쪽 팔을 한껏 벌렸다. 그게 누구였나?
친구였나? 선한 사람이었나? 인정 많은 사람이었나? 도와주려 했던
사람이었나? 그게 단지 한 사람이었나? 아니면 그게 인류였나? [30]

소설의 모든 국면에서 K가 설정하는 투시점의 궤적을 보면 정녕
그가 삶을, 혹은 죽음을 단 한 번이라도 제대로 바라본 적이 있는지
를 의심하게 한다.

처음으로 법정에 출두하여 군중처럼 모여든 방청객들 앞에서 자

신의 무죄를 변론해야 할 처지에 섰을 때 그의 시선은 어느 법정 하급 관리의 아내에게, 삼촌의 소개로 변호사를 찾아가 자신의 억울한 처지를 정확하게 알려야 했을 때 그의 시선은 변호사의 여비서 레니에게, 그리고 법정에 연줄이 있는 화가를 찾아가 형편을 호소해야 했을 때 그의 시선은 어떤 어린 곱사등이 소녀에게 고정되어있었다. 이런 K가 어떻게 검은 양복을 입은 낯선 방문객의 손, "눈가장자리를 비비고 윗입술을 문지르고 턱의 주름을 비비는 그 희멀건 손"[31] 을 벗어날 수 있었겠는가.

세상 사람

악수를 거부함으로써 K의 손에 수치를 안겨준 감독은 잇따른 대화에서 K의 한심한 행태를 보다 근원적 심급의 상징 언어로 보여준다. "자네 지금 은행으로 가고 싶어하는 거겠지?"[32] 은행? 물론 이것은 K의 직장이다. 그는 은행에서 중간 관리자의 지위에 있다. 하지만 감독이 꼬집어 말하는 '은행'은 딱히 은행이 아니라도 좋은 어떤 공간이다. 그것은 우리가 쉽게 벗어날 수 없는 일상성의 질곡, 이를테면 파국적 비극, 심지어 죽음 앞에서조차 주체를 속박하는 관성적 힘이다.

이것은 카프카가 즐겨 조명하는 주제이기도 하다. 가령 그의 다른 소설 『변신』의 주인공 잠사는 어느 날 아침 깨고 나자 자신이 끔찍한 벌레로 변신해있다는 걸 알게 된다. 하지만 그 사실을 아는 순간 반사적으로 그의 머리에 떠오른 두려움은 '내 인생은 끝났다.'가 아니었다. 출근열차를 놓치는 것이었고, 지각하는 것이었고, 그 때문에 직장 상사로부터 질책을 받는 것 등이었다.

지금 『심판』의 주인공 K는 『변신』의 주인공 잠사의 다른 판본인 셈이다. 우선 출근시간에 늦지 않아야 한다. 체포, 구속, 처형, 죽음 등등은 다음의 문제다. 이것이 K가 체포되었다는 사실을 저항 없이 받아들이고, 그토록 경망하게 화해의 악수를 먼저 청한 이유 중 하나였으리라.

하이데거의 언어로 말하자면 '죽음을 향한 존재' K는 이런 방식으로 그때 '은행'이라는 상징 기표를 통해 '세상 사람das Man'으로 탈출을 시도하고 있는 것이다. 그러나 『심판』은 이 시도의 실패를 보여주는 장엄하고 비극적인 서사다.

하이데거는 죽음에 대해 두 종류의 담론을 남겼다. 하나는 우울한 것이고, 하나는 명랑한 것이다. 전자는 잘 알려진 『존재와 시간』에 남긴 것이고, 후자는 덜 알려진 『강연과 논문』에 남긴 것이다. 현존재를 '죽음을 향한 존재Sein zum Tode'로 정의하고 출발하는 『존재와 시간』의 「죽음에 대한 실존 분석론」에서 하이데거는 자부심 넘치는 어조로 이렇게 말한다. "사망으로서의 죽음의 분석을 위해서는 단지 이러한 현상을 순수 실존론적 분석을 통해 가져오거나 아니면 그 존재론적 이해를 포기하거나 하는 (양자택일의) 가능성만이 남아있을 따름이다."[33] 과연 '포기하지 않고, 가져온' 하이데거의 분석은 그런 자부심에 값하는 세밀하고 정치한 성찰들을 보여준다. 그는 먼저 두 가지 태도에 주목하는데, 하나는 죽음 앞에서 도피하는 세상 사람의 태도이고, 다른 하나는 죽음을 앞질러가는 본래적 실존의 태도다.

공공연한 현존재 해석은 이렇게 말한다. '사람은 죽는다.' 그렇게 함으로써 모든 어중이떠중이들은 이렇게 핑계 댈 수 있기 때문이다. 즉 절대로 나는 아니다. 왜냐하면 세상 사람은 어느 누구도 아니니까. '사망'은 분명 현존재가 연관되어있지만 누구에게도 고유하게 귀속되지 않는 일상사로 수평화되고 만다. (…) 본질적으로 누구도 대신할 수 없는 고유한 나의 것인 사망은 세상 사람이 마주치는 공공연한 일상적 사건으로 뒤바뀌고 마는 것이다. [34]

이런 하이데거의 통찰에서 흥미로운 것은 죽음의 확실성을 폭로하는 그의 현상학적 시선이다. 나도 언젠가는 죽는다. 그러나 아직은 아니다. '아직 아님.' 이 편리한 유예는 내 죽음의 확실성, 이 확실성의 공포를 나긋나긋하게 완충시켜버린다. 그래 나는 죽을 수밖에 없어. 인정하고말고. 그러나 아직은 아니야. 죽는 순간까지 미뤄지는 '아직 아님'의 시간 지평 안에서 인간의 생애가 불안과 초조 속에 저물어가지만 가끔 몸서리치게 하는 공포의 엄습은 피할 길 없다.

그래서 죽음을 향한 존재는 또 다른 전략을 구사한다. 죽어야 할 운명의 주체를 슬그머니 바꿔치기하는 것인데 곧 '세상 사람'이 등장하는 맥락이다. 나는 세상 사람이다. '아직 아님'의 시효가 끝나 내가 죽게 된다면 그때 죽는 것은 내가 아니라 세상 사람이다. 이렇게 죽는 세상 사람은 모두이면서 누구도 아닌 사람이다.

처음에는 하이데거의 이 세상 사람이 죽음의 공포로부터 도피한, 죽음을 향한 존재의 비본래적 존재방식이었다. 그러나 죽음이 하나의 구체적인 현실로 닥치고 내가 당사자로 그 상황을 감당해야 할 결정적 순간에 이르면 죽음을 향한 존재는 이번에는 '나'를 다시 세상

사람에서 분리시킨다. '나는 세상 사람이 아니다. 죽는 것은 세상 사람이지 내가 아니다.'

이반 일리이치

톨스토이의 소설 『이반 일리이치의 죽음』에서 불치의 병으로 죽어가고 있는 주인공 이반 일리이치는 문득 학창시절 논리학에서 배웠던 삼단논법을 회상해본다. '카이사르는 사람이다. 사람은 죽는다. 따라서 카이사르도 죽는다.' 이것이 진리라면 다음도 진리이어야 한다. '이반 일리이치는 사람이다. 사람은 죽는다. 따라서 이반 일리이치도 죽는다.' 그러나 이반 일리이치는 자신에게 적용되는 삼단논법은 받아들이려 하지 않는다. 카이사르는 모래알처럼 많은 세상 사람들 중 하나지만, 자신은 예외라고 생각하기 때문이다.

> 그가 볼 때, 인간 카이사르는 인간이었으므로 법칙의 적용은 정당
> 했다. 그러나 자기 자신은 카이사르가 아니므로 인간이 아니며 항상
> 다른 사람들과는 전혀 다른 특별한 존재라고 여겼다. (…) 카이사르
> 는 죽을 운명이었다. 따라서 그의 죽음은 타당한 것이다. 그러나 감
> 성과 이성을 지닌 이반 일리이치에게 죽음은 다른 문제이다. 내가 죽
> 어야 한다는 건 있을 수 없다. 그건 너무 끔찍한 일이었다.[35]

죽음의 공포 앞에서는 세상 사람으로 도피했지만, 자신의 죽음 앞에서는 다시 세상 사람에서 빠져나온 일리이치. 이해할 수 없는 삶과

죽음의 모순 앞에 속수무책으로 내팽개쳐진 그가 그동안 자신의 얼굴을 덮고 있던 '세상 사람'을 벗어던지고 보니 "그는 자신이 죽어가고 있다는 걸 마음속 깊이 알고 있었다. 그러나 이를 사실로 받아들이지도 이해하지도 못했고 또 이해할 수도 없었다." [36]

하이데거는 이런 유의 이해 불가능성들이 어디에 뿌리를 두고 있는지를 날카롭고 정확하게 지적한다. 그것은 죽음을 향한 존재가 세상 사람으로 도피했다가 다시 세상 사람에서 벗어나는, 전향이 이뤄지는 그 빈 곳이다. 이해는 세상 사람에 몰입하는verfallen게 아니라 가능성에 기투Entwurf할 때 비로소 열리는 지평이다. 이반 일리이치가 이해할 수 없었던 것을 우리가 이해하려면 단호하게 세상 사람에서 빠져나와서 현존재의 가장 고유한 가능성으로 달려가야 한다. 하이데거가 반복해서 말하고 있듯이 현존재의 가장 고유한 가능성은 곧 절대적인 불가능성의 가능성으로서의 죽음이다.

> 죽음을 향한 존재로서 그런 가능성에의 존재는 죽음이 이러한 존재 안에서 그리고 존재에 대해 가능성으로 드러나도록 그렇게 죽음에 대해 관계해야 한다. 우리는 가능성에의 그러한 존재를 용어상 '가능성에의 선구Voraufen in die Moeglichkeit'로 파악한다. (…) 가능성에의 선구로서 죽음을 향한 존재는 무엇보다 이러한 가능성을 가능하게 해주고 그것을 그 자체로서 자유롭게 해준다. [37]

하이데거는 이런 죽음에의 선구가 우리에게 마침내 "건너뛸 수 없는 전체성Ganzheit으로 드러나는 본래적 실존" [38] 을 확신시켜주고, 또 그 본래적 실존의 내부에서 저항할 수 없는 역동성으로 솟구치는 존재론적 기분, 즉 불안Angst을 폭로시켜준다고 주장한다.

결국 하이데거의 분석은 이렇게 요약된다. 죽음은 죽음을 향한 존재의 가장 고유한 존재 가능성이다. 이 죽음에의 선구, 즉 미리 앞질러 달려가 보는 일은 마침내 우리로 하여 각자 세상 사람에서 빠져나오게 함으로써 고유의 본래적 실존을 드러내 준다. 이때 이 실존이 느끼는 기분은 불안이다. 불안은 단순한 정서가 아니라 죽음, 그 절대적 불가능성에 의해 환기되는 근본적 기분이다.

그렇다면 하이데거 식으로 죽음에의 선구를 통해 회복하게 되는 본래적 실존으로 산다는 것, 그리고 불안의 기분 속에 정직하게 존재한다는 것, 이것은 정확히 무엇을 말하는가.

사흘 동안의 혼수상태를 넘기고 이제 목숨이 경각에 이른 이반 일리이치는 갑자기 그의 가슴과 옆구리를 세차게 밀어붙이는 어떤 힘을 느끼며 이렇게 중얼거린다.

'맞아, 전부 그게 아니었어.'라고 그는 자신에게 말했다. "하지만 괜찮아. 잘하면, 잘하면 '그걸' 할 수 있어. 근데, '그게' 뭐지?" 그는 자신에게 묻다가 갑자기 입을 다물었다. [39]

할 수 있겠다는 확신을 주는 '그것', 그것이 뭔지 알 수 없다는 것이다. 이반 일리이치가 할 수 있다는 '그것'은 무엇인가. 그리고 '알 수 있음' 보다 먼저 찾아온 '할 수 있음.' 이 역전된 순서는 또 무엇을 상징하는가. 하이데거의 어휘로 말하자면 이런 것들은 죽음에의 선구가 이반 일리이치에게 드러내 보여주는 실존의 혹독한 진리일 것이다. 할 수 있음이 언제나 알 수 있음 보다 먼저 오는 것이기 때문에 앎은 결코 삶을 추월할 수 없다.

죽기 한 시간 전, 이반 일리이치에게 비로소 진리 혹은 '그것'의 정체가 투명하게 드러나기 시작한다.

'근데 통증은?' 하고 자신에게 물었다. '어디로 간 거야? 어이 통증, 너 어디에 있는 거야?'

그는 귀를 곤추세웠다.

'아, 저기 있구먼. 뭐 어때. 통증은 그대로 있으라고 하지 뭐.'

'근데 죽음은? 죽음은 어디에 있는 거지?'

그는 예의 죽음에 대한 두려움을 찾아보았으나 발견하지 못했다. 어디에 있는 거지? 죽음이라니? 그게 뭔데? 그 어떤 두려움도 없었다. 죽음도 없었기 때문이다.

죽음이 있던 자리에 빛이 있었다.

'바로 이거야!' 그는 갑자기 큰 소리로 말했다. '이렇게 좋을 수가!'

한순간 이 모든 일이 일어났고 그 순간이 지니는 의미는 이후 결코 바뀌지 않았다. [40]

하이데거가 말한 '죽음에의 선구'는 이반 일리이치의 경우처럼 먼저 죽음을 빛으로 바꿔놓으면서 그것을 소멸시켜줄 것이다. 이반 일리이치가 K와 다른 점은 자신의 죽음이라는 이 절대적 불가능성의 가능성에 앞질러 달려가 보았고, 비록 짧은 시간이지만 그렇게 함으로써 자신의 본래적 실존을 되찾아 평온한 죽음을 맞는다는 것이다.

추월된 죽음은 더 이상 시야에 없다. 이와 더불어 죽음의 공포가 사라진다면 근원적인 굴종과 속박에서 풀려난 죽음을 향한 존재는 에피쿠로스, 몽테뉴 등이 언급했던 자유 즉 죽음으로부터 자유로운 존재로 이행해 간다. 이 자유가 우리로 하여 먼저 '알게 하는'것이 아니라 '하게 하는'것을 열어 보여주지 않겠는가.

능력으로서의 죽음

후기 하이데거 사상에 시나브로 등장하는 죽음에 대한 논급들도 우리의 관심을 끈다. 이제 그의 어휘록에서 죽음을 향한 존재는 죽을 자Sterblich로, 세계Welt는 사방Geviert으로 바뀐다. 인간은 세계-내-존재가 아니라 사방-내-거주자로 이 지상에 머무른다.

　여기서 사방은 우리가 존재하는 세계를 구성하는 네 개의 근본범주 즉 땅, 하늘, 신성한 것, 그리고 죽을 자를 한데 겹친 것이다. 하이데거는 이 넷이 운명적으로 만날 수밖에 없어서 하나를 말할 때, 다른 셋은 이미 그 안에 겹쳐져 있다고 주장한다. 이 겹침Einfalt의 뜻을 새기기가 쉽지 않은데, 대체로 넷 사이에 존재하는 숙명적 연관을 지칭하는 하이데거적 수사로 이해해도 무방할 것이다. 하이데거는 인간들이 넷 각각을 표상하되, 넷이 하나로 긴밀하게 겹친 것, 즉 사방을 숙고하지는 않는다는 점을 거듭 지적한다. 우리 생각에 명백히 아리스토텔레스의 4원인과 모종의 유비 관계에 있는 것으로 보이는 이 개념은 어쨌든 하이데거 후기 사상의 전위에 포진된다. [41]

　하이데거에 따르면 죽을 자는 사방에 거주한다. 여기서 거주Wohnen는 단지 체류하며 산다는 뜻이 아니라 이 겹쳐지는 넷을 소중하게 돌보고 보살피며 머문다는 뜻이다. '보살핀다Schonen'는 것의 의미도 단순하지 않다. 하이데거는 땅을 구원하고, 하늘을 받아들이고, 신성한 것들을 기다리고, 죽을 자들을 인도하는 가운데, 사물들을 보존하고 성장하게 해준다는 의미로 풀어낸다. 여기서 우리의 관심을 끄는 것은 거주의 특성을 '보살피며 머무는 것'으로 해석하면서 죽을 자의 본질에 연관시키는 하이데거의 논리다.

> 죽을 자들은 인간이다. 인간이 죽을 자들이라고 불리는 까닭은 그가 죽을 수 있기 때문이다. 죽는다는 것은 죽음을 죽음으로서 실행해낼 능력이 있다는 것을 말한다. 인간이 이 땅 위에, 하늘 아래, 신성한 것들 앞에 머무는 한, 오직 인간만이 죽고 또한 계속해서 죽어간다. [42]

여기서 하이데거는 죽음을 더 이상 공포와 연관되는 어떤 것, 그것 때문에 세상 사람으로 도피할 수밖에 없는 어떤 것으로 간주하지 않는다. 그것은 인간에게만 고유한 능력이자 권리이다. 하이데거에 따르면 모든 사물, 모든 생명체는 그저 사라져갈 뿐이다verenden. 오직 인간만이 죽는다sterben. 죽을 수 있다는 것, 그것은 하나의 능력일 뿐 아니라 능력 중에서도 탁월한 능력이다. 인간이 위대한 것은 바로 이 능력 때문이다.

> 죽음을 죽음으로서 실행할 능력이 있다는 본질을 그러한 능력의 사용으로 끌어가서, 그 결과 하나의 선한 죽음이 존재할 수 있도록 해주는 한에서 죽을 자들은 거주한다. 죽을 자를 이런 죽음의 본질로 안내한다는 것은 결코 텅 빈 공허로서의 죽음을 목적으로 설정한다

는 것을 의미하지 않는다. 또한 이것은 종말로의 맹목적 응시로 거주를 암울하게 만든다는 것을 뜻하지도 않는다. [43]

결국 하이데거의 입장에서 보면 '나는 사방에 거주하고 있는가'와 '나는 죽음을 실행할 능력이 있는가'는 호환 가능한 물음이다. 왜냐하면 죽음의 능력만이 사방에서의 거주를 담보해주기 때문이다. 바꿔 말하면 죽을 자가 땅, 하늘, 신성한 것, 죽을 자, 이 넷이 하나로 겹쳐진 사방에 거주하고 있는 것은 죽음을 죽을 수 있는 능력 때문이다. 결국 나는 내 죽음의 능력 덕분에 사방에 거주하면서 그 넷을 소중히 보살피고 사물들을 성장, 육성, 건립해내고 있는 것이다.

이것은 확실히 기존의 죽음 담론에서는 찾아볼 수 없는 '다른 목소리'다. 에피쿠로스는 결국 죽음을 쾌락으로 승화시켰고 몽테뉴는 마침내 섭리의 거대한 연쇄 속에서 죽음과의 화해를 이뤄냈지만, 이 모두가 죽음을 결정론적으로 수용하는 토대 위에서의 일이다. 그러나 하이데거는 거기서 한 차원 더 진화한 성찰을 보여준다. '죽음은 능력이다.'

그렇다면 문제는 죽음의 실행이다. 그 능력을 발휘하여 죽는 죽음, 저 '선한 죽음ein guter Tod'이란 어떤 것인가. 누가 그런 죽음을 죽을 수 있는가. 죽을 자인가. 그렇다면 누가 죽을 자인가. 나, 너, K까지 포함하는 우리 모두인가.

여기서 하이데거는 다시 존재 사유의 통상 포맷으로 돌아간다. 큰 틀에서 모든 비극은 인간의 고향상실Heimatlosigkeit에서 비롯된다. 우리는 모두 죽는 능력을 상실해버린 죽을 자들이고 거주의 방법을 잊어버린 거주자들이다. 그래서 우리의 시대는 하이데거가 횔덜린의 시《빵과 포도주》의 한 구절을 빌어와 표현한 '궁핍한 시대die duerftiger Zeit'다.

> 시대가 궁핍하게 머물러 있는 것은 신이 죽었기 때문만이 아니라, 죽을 자들이 자신에게 고유한 죽음을 거의 알지도 못하고 또 그런 죽음을 죽어낼 수도 없기 때문이다. 죽을 자들은 아직도 자신의 본질의 고유성 안에 있지 않다. 죽음은 이제 수수께끼 속으로 물러나 버렸다. [44]

죽음이 수수께끼로 물러나 버린 것, 죽음에의 수상한 열정들이 범람하는 것, 그러면서도 죽음이 고작 웰빙-웰다잉의 담론 층위에서만 되물음 되는 것 등등이 이 궁핍한 시대에 현저히 드러나는 위기의 징후들이다. 하이데거의 분석이 그러하듯 처방 또한 단순하다. 거주를 다시 찾아야 하고 죽는 능력을 회복해야 하고 존재 망각에서 깨어나야 하고 잃어버린 고향을 되찾아야 한다. [45]

수수께끼

하이데거적 관점에서 K는 궁핍한 시대의 보편적 개체Individum Universalis다. K의 죽음은 수수께끼 속으로 물러나 버린 죽음을 전형화 한다. 하지만 역설적으로 바로 그런 수수께끼로서의 그의 죽음은 우리에게 다른 투명성으로 다가온다.

K는 죽음을 실행하는 능력의 주체가 아니라 죽임을 당하는 운명

의 객체였다. 이를 증명하는 데는, 구원을 향해 그가 뻗었던 손들이 어디로 향했던가 살피는 것으로 족할 것이다. 하숙집에서 감독을 향해 내밀었던 손, 예심판사를 향해 내밀었던 손, 변호사에게 내밀었던 손, 공장 주인에게 내밀었던 손, 화가에게 내밀었던 손, 이 손이 마침내 그가 처형된 채석장에서 어느 집 꼭대기 열린 창에 비친 희미한 그림자를 향한다. 이 미묘한 상황을 이해하기 위해 길지만, 소설의 마지막 부분을 인용해보겠다.

적당한 자리를 찾았을 때, 그는 손짓을 했고 K의 팔을 끼고 있던 다른 사나이는 K를 그곳으로 데리고 갔다. 그곳은 캐다가 만 돌 하나가 놓여있는 돌벼랑 가까운 곳이었다. 두 사나이는 K를 바닥에 앉혔고, 돌에 몸을 기대게 하고는 머리를 제쳐서 그 위에 닿도록 했다. 그들이 꽤 애썼음에도 불구하고 또 K도 기꺼이 협조했음에도 불구하고, K의 자세는 뒤틀리고 몹시 부자연스러워 보였다. 둘 중 하나가 자기 혼자서 K를 앉혀 보겠다고 했지만 그 시도는 사태를 조금도 개선하지 못했다. 마침내 그들은 K를 이미 앞에서 해보았던 여러 방식보다 조금도 나을 것 없는 자세를 취하게 했다. 그런 뒤 한 사나이가 자신의 프록코드를 풀어헤치고 허리춤의 벨트에 달린 칼집에서 길고 날카로운 양날의 도살용 칼을 꺼내고는 곧추세워서 달빛에 칼날을 점검했다. 다시 한 번 불쾌한 격식을 차리더니 한 사나이가 칼을 K 머리 위로 다른 사나이에게 넘겨주었고, 그 사나이는 다시 K의 머리 위로 처음 사나이에게로 넘겨주었다. K는 칼이 그의 머리 위 손에서 손으로 옮겨질 때 그것을 붙잡고 그의 가슴으로 꽂아 넣어야 하리라는 것을 명확히 알았다. 그러나 그는 그렇게 하지 않았고, 단지 아직은 여전히 자유롭게 움직일 수 있는 머리를 돌려 자신의 주위를 살폈다. 그는 완전히 일을 마치지 못했고 또 관리들에게 그들의 일을 덜어주지도 못했다. 그의 이 마지막 실패에 대한 책임은 행위를 위해 필요한 힘을 그에게 남겨주지 않았던 자에게 있다. 그는 채석장 가까이에 있는 집 꼭대기 층으로 시선을 던졌다. 켜지는 불빛 하나가 반짝거리더니 그곳 창의 여닫이문이 갑자기 열렸다. 멀고 높았던 탓에 흐릿하고 허깨비 같아 보이는 한 인간 형상이 돌연히 앞으로 몸을 굽히더니 양쪽 팔을 한껏 벌렸다. 그게 누구였나? 친구였나? 선한 사람이었나? 인정 많은 사람이었나? 도와주려 했던 사람이었나? 그게 단지 한 사람이었나? 아니면 그게 인류였나? 도움은 가까이 있었나? 그에게 지금껏 묵살되어왔던 유리한 변론이 있었나? 물론 있었음에 틀림없다. 논리는 의심할 바 없이 굳건하지만, 그것은 계속 살아남고자 하는 한 인간을 지탱해줄 수 없다. 그가 한 번도 본 적 없는 판사는 어디에 있었나? 그가 한 번도 들어가 본 적 없는 상급 법정은 어디에 있었나? K는 손을 들었고 모든 손가락을 활짝 폈다. 하지만 하나의 손이 이미 K의 목을 붙잡았고 다른 하나는 칼을 그의 심장 깊숙이 찔렀고 돌려서 두 번이나 더 찔렀다. 흐릿해진 눈으로 K는 바로 눈 가까이서 뺨과 뺨을 맞대고 최후의 장면을 지켜보는 그 두 사나이를 여전히 볼 수 있었다. '개 같은!' 그가 말했다. 마치 그 치욕만이 그 뒤에 살아남아야 하는 것 같았다. [46]

손가락을 활짝 편 K의 손이 향한 그 비실체적 형상은 모든 소망, 모든 물음, 모든 항변, 모든 후회, 모든 여한을 집약한다. 그것을 향해 뻗친 손이 마지막 처절한 헛손질을 보여주는 사이, 다른 손은 그의 목을 누르고 또 다른 손은 그의 심장을 겨눈다.

왜 최후의 순간까지 K의 손은 항상 거부되는가. 하이데거가 준비한 답은 간단하다. K는 사방의 거주자가 아니다. 다시 말해서 그는 죽음의 능력을 갖춘 자가 아니다. 죽을 수 없는 자, 죽는 능력을 상실해버린 죽을 자, 그는 오직 동물처럼, 미물처럼 사라져갈 수 있을 뿐이다. 정녕 개처럼 뻗어나자빠질 수밖에 없다.

데리다는 죽음의 주제를 다루고 있는 저서 『아포리아』에서 이렇게 말한다. "동물은 죽음자체와 연관되지 않는다. 동물은 종말에 이른다. 즉 사라진다verdenden. 동물은 항상 뻗어나자빠질 수밖에 없다crever. 동물은 결코 제대로 죽는 법이 없다." [47] 이미 하이데거도 『언어의 도상에서』에서 "죽을 자란 죽음을 죽음으로서 경험할 수 있는 자다. 동물은 이렇게 할 수 없다." [48] 고 말했다. 하이데거와 데리다에 동의한다면 우리는 이렇게 말할 수밖에 없다.

K는 죽은 게 아니라 사라진 것이다. 그는 죽을 능력이 없었다. 그는 사형집행인에게 사형집행을 받은 게 아니라 처형자의 손끝에서 개죽음을 당한 것이다. 여기서 개죽음은 어떤 비유적, 은유적 의미도 담고 있지 않다. 글자 그대로의 뜻이다. 사라진 모든 것은 수수께끼로 남는다. 범인이 영원히 사라져버린 미제 사건이 수수께끼로 남듯이.

매체 노예

1. G. W. F. Hegel, *Phaenomenolgie des Geistes*, Felix Meiner, 1952, p.151.

2. G.W.F. Hegel, 같은 책, p.154.

3. G.W.F. Hegel, 같은 책, p.153 이하 참조.

4. J. 보드리야르, 하태환 역, 『시뮬라시옹』, 민음사, 1993, 56쪽.

5. S. 지젝, 김종주 역, 『실재계 사막으로의 환대』, 인간사랑, 2003, 11쪽.

6. S. 지젝, 같은 책, 16쪽.

7. M. Heidegger, *Sein und Zeit, Max Niemeyer Verlag*, 1972, p.126.

8. 이것이 칸트로 하여 다음과 같은 사실을 토로하게 만든 상황이다. "(…) 달라진 방식으로써, 사물에 대해서는 오직 우리 자신이 그 안에 집어넣은 것만을 선천적으로 인식할 수 있다는 사고방식을 받아들이게 되었다. (…)"

   I. Kant, *Kri tik der reine Vernunft*, Felix Meiner Verlag, 1956, p.21.

9. S. Zizek, *On the Belief*, Rouledge Press, 2001, p.54.

10. S. Zizek, 같은 책, p.55.

11. S. Zizek, 같은 책, p.56.

12. 일레인 페이절즈, 하연희 역, 『숨겨진 복음서 영지주의』, 루비박스, 2006, 31쪽.

13. Plato, trans by Benjamin Jowett, *The Dialogues of Plato*, Encyclopaedia Britannica Inc., 1987, p.223.

14. Plato, 같은 책, 같은 곳.

15. 일레인 페이절즈, 위의 책, 34쪽 그리고 그 이하를 참조할 것.

16. F. 니체, 강대석 역, 『차라투스트라는 이렇게 말했다』, 이문출판사, 1994, 100,

116, 198, 199, 201, 205, 312, 343, 347. 349, 355, 365, 366, 407, 408, 431, 432, 434, 446, 465쪽 등.

17. F. 니체, 같은 책, 347쪽.

18. F. 니체, 같은 책, 199쪽.

19. F. 니체, 같은 책, 433쪽.

20. F. 니체, 같은 책, 431쪽.

21. F. 니체, 같은 책, 431쪽.

22. F. 니체, 같은 책, 201쪽.

23. F. Nietzsche, *Also Sprach Zarathustra*, Alfred Kroener Verlag, 1969, p.246.

24. F. Nietzsche, 같은 책, p.347.

25. F. Nietzsche, 같은 책, p.329.

1. R. 데카르트, 이현복 역,『성찰』,문예출판사, 2006, 13쪽.

2. R. 데카르트, 같은 책, 59쪽.

3. R. 데카르트, 같은 책, 59쪽.

4. R. 데카르트, 같은 책, 78쪽.

5. M. Heidegger, *Holzwege*, Vittorio Klostermann, 1980, 85, 96, 104, 106쪽 등 참조.

6. M. Heidegger, 같은 책, p.90.

7. M. Heidegger, 같은 책, p.85.

8. M. Heidegger, 같은 책, p.89.

9. M. Heidegger, *Vorträge und Aufsätze*, Neske, 1978, p.23.

10. Th. 아도르노, M. 호르크하이머, 김유동 역,『계몽의 변증법』, 문학과 지성사, 2003, 18쪽 이하 참조.

11. J. 하버마스, 장춘익 역,『의사소통행위이론 1』, 나남, 2007, 175쪽 참조.

12. J. 하버마스, 같은 책, 203쪽

13. J. 하버마스, 같은 책, 202쪽.

14. J. 하버마스, 같은 책, 423쪽.

15. J. 하버마스, 같은 책, 46쪽.

16. J. 하버마스, 장춘익 역,『의사소통행위이론 2』, 나남, 2007, 202~204쪽 참조.

17. J. 하버마스, 같은 책, 205쪽.

18. M. 세르반테스, 박철 역,『돈키호테』, 시공사, 2004, 221쪽.

19. 여기서 '급진화'는 정신의 점수漸修적 상승이 아니라 몸의 돈오頓悟적 변신을 뜻

한다. 나는 이 개념을 김영민의 '무능의 급진성'으로부터 암시 받았다. 김영민
『동무론』461쪽 이하 참조.

20. M. 세르반테스, 위의 책, 231쪽.

21. M. 세르반테스, 같은 책, 231쪽.

22. M. 세르반테스, 같은 책, 232쪽.

23. E. 레비나스, 강영안 역, 『시간과 타자』, 문예출판사, 1996, 109쪽.

24. E. Levinas, trans by A. Lingis, *Therewise than Being or Beyond Essence*, Duquesne University Press, 2002, p.94.

25. M. Merleau-Ponty, trans by Alphonso Lingis, *The Visible and the Invisible*, North Western Uninversity Press, 1992, p.133.

26. M. Merleau-Ponty, 같은 책, p.130.

27. 그렇다면 이 풍티적 은유는 이렇게 요약될 수 있다. 보는 자seer 바다, 보이는 것 visible 해안, 시선gaze 파도, 보이는 것의 외피skin of the visible 모래.

28. M. Merleau-Ponty, 위의 책, p.131.

29. M. Merleau-Ponty, 같은 책, p.131.

30. M. Merleau-Ponty, 같은 책, p.132.

31. M. Merleau-Ponty, 같은 책, p.146.

32. M. Merleau-Ponty, 같은 책, p.137.

쓰는 자 누구인가

1. 송성욱 풀어 옮김, 『춘향전』, 민음사, 2004, 225쪽.

2. 송성욱 풀어 옮김, 같은 책, 187쪽.

3. 태평과와 같은 비상시 과거가 있었으나 그 경우에도 초, 중, 장시 삼과는 거치는 게 통례였다. 이성무, 『한국 과거제도사』, 민음사, 1997, 399쪽 이하 참조.

4. 이성무, 같은 책, 128쪽.

5. Plato, *Great Books of The Western World*, Encyclopaedia Britannica, 1987, p.139.

6. Plato, 같은 책, p.140.

7. Plato, 같은 책, p.140.

8. 송성욱 풀어 옮김, 위의 책, 15쪽.

9. 맹자, 범선균 역, 『맹자』, 혜원 출판사, 1995, 108쪽.

10. 맹자, 같은 책, 104쪽 이하에서 간추림.

11. Plato, trans by Allan Bloom, *The Republic of Plato*, Basic Book, 1968, p.164.

12. 맹자, 위의 책, 105쪽.

13. 이성무, 위의 책, 269쪽.

14. 토마스 만, 안삼환 역, 『토니오 크뢰거』, 민음사, 2000, 144쪽.

15. 토마스 만, 같은 책, 58쪽.

16. G. 들뢰즈/F. 가타리, 김재인 역, 『천개의 고원』, 새물결, 2005, 443쪽 이하 참조.

17. 방미경 엮음, 『플로베르』, 문학과 지성사, 1996, 37쪽.

1. J. Joyce, *Dubliners, A Portrait of the Artist as a Young Man*, Viking Press, 1964, p.25.

2. N. 촘스키, 이종인 역, 『촘스키, 세상의 물음에 답하다』, 시대의 창, 2008, 60쪽. 경어는 평어로 바꿈

3. N. 촘스키, 같은 책, 61쪽. 경어는 평어로 바꿈.

4. H. 뵐플린, 박지형 역, 『미술사의 기초개념』, 시공사, 2002, 49쪽 이하 참조.

5. W. 포크너, 김명주 역, 『내가 죽어 누워 있을 때』, 민음사, 2003, 44쪽

6. M. Heidegger, *Vorträege und Aufsäeze*, Neske, 1978, p.144.

7. M. Heidegger, 같은 책, p.145.

8. 김영민, 『동무론』, 한겨레출판, 2008, 221쪽.

9. 김영민, 같은 책, 205쪽.

10. M. Hart, A. Negri, *Empire*, Harvard University Press, 2000, Preface, p.12.

11. M. Hart, A. Negri, 같은 책, p.13.

12. M. Hart, A. Negri, 같은 책, p.60.

13. M. Hart, A. Negri, 같은 책, p.362.

14. M. Hart, A. Negri, 같은 책, p.395.

15. M. Hart, A. Negri, 같은 책, p.397.

16. M. Hart, A. Negri, 같은 책, p.17.

17. 비트겐슈타인은 이 용어를, 비교 요소들이 모두 총체적으로 닮은 게 아니라 각각이 서로 부분적으로 닮았다는 의미로 사용한다.

    L. Wittgenstein, *Schriften* I, Suhrkamp, 1980, p.324 참조.

18. 2009년 8월 14일 한국 철학회 주최로 성균관대학교에서 제12회 철학 올림피아 드가 개최되었다. 대상 1명, 금상 2명, 은상 3명, 동상 4명, 장려상 약간 명을 선 발하는 대회다. 평가항목과 배점은 논변구성능력 40, 통찰력 30, 창의적 사고능 력 20, 언어적 표현능력 10으로 되어있다. 다른 항목들은 국문학 등 여타 학문 의 콘테스트와 차이가 없다. 철학 올림피아드에 특이한 것은 통찰력 항목을 만 들어서 30을 배점한 것이다. 그러나 여기서 내가 묻고 싶은 것은 이것이다. 대체 통찰력이란 무엇인가. 누가 타인의 통찰력을 평가하는가. 통찰력에 점수를 매기 는 당신의 통찰력은 몇 점인가.

1. A. N. 화이트헤드, 오영환, 문창옥 역,『열린 사고와 철학』, 고려원, 1992. 22쪽.

2. L. 비트겐슈타인, 이영철 역,『문화와 가치』, 도서출판 천지, 1990, 46쪽.

3. O. F. Bollnow, *Existenzphilosophie*, W.Kohlhammer Verlag, 1984, p.30에서 재인용.

4. 토니 모리슨, 신현철 역,『푸른 눈동자』, 도서출판 눈, 1993, 30쪽.

5. K. R. Popper, *The Open Society and Its Enemies, vol. 1,* George Routlege & Sons, Ltd. 1986, p.201.

6. 정도전,『국역 삼봉집 1』민족문화추진회 편, 1997, 242쪽, 日月星辰 天之文, 山川 草木 地之文, 詩書禮樂 人之文.

7. 공자, 성백효 역,『論語集註』, 전통문화 연구회, 1990, 265쪽.

8. E. 레비나스, 강영안 역,『시간과 타자』, 문예출판사, 1996, p.109

9. Plato, trans by Benjamin Jowett, *The Dialogues of Plato*, Encyclopaedia Britannica Inc., 1987, p.193.

10. G. 플로베르, 박동혁 역『보봐리 부인』, 하서, 1994. 29쪽.

11. M. Heidgger, *Holzwege*, Vitorrio Klostermann Verlag, 1980, p.50 참조.

죽은 나무 꽃피우기

1. A. 타르코프스키, 김창우 역,『타르코프스키의 순교일기』, 두레, 1997, 248쪽.

2. W. Isaacson, *Einstein, His Life and Universe*, Simon&Schuster, 2007, p.10에서 재인용.

3. F. Nietzsche, *Also Sprach Zarathustra, Ein Buch füer Alle und Keinen*, Alfred Kröener Verlag, 1969, p.171.

4. F. Nietzsche, 같은 책, p.174.

5. F. Nietzsche, 같은 책, p.241.

6. R. Descartes, *Discourse on Method*, Barnes&Nobles Books, 2004, p.39.

7. M. Heidegger, *Holzwege*, Vittorio Klostermann, 1980, p.85.

8. M. Heidegger, 같은 책, 90쪽.

9. M. 푸코, 김부용 역,『광기의 역사』, 인간사랑, 1997, 67쪽.

10. M. 푸코, 같은 책, 50쪽.

11. M. 푸코, 같은 책, 제2장 제목이「대감금」이다. 51쪽 이하 참조.

12. M. 푸코, 같은 책, 72쪽.

13. A. 타르코프스키, 위의 책, 332쪽.

14. A. 타르코프스키, 같은 책, 같은 곳.

15. A. 타르코프스키, 같은 책, p.336.

16. M. Heidegger, *Vorträege und Aufsäeze*, Guenther Neske Pfullingen, 1978, p.141.

17. M. Heidegger, 같은 책, p.144.

18. M. Heidegger, 같은 책, 같은 곳.

19. 하이데거는 이렇게 네 개의 요소가 '단순하게 짜 맞춰진 구성물Einfalt'을, 기하
    학적 형상을 연상시키는 어휘 '사각형Geviert'이라 불렀다.
    M. Heidegger, 같은 책, 같은 곳 참조.

20. M. Heidegger, 같은 책, p.153.

21. A. 타르코프스키, 위의 책, 212쪽.

22. A. 타르코프스키, 같은 책, 1985년 11월 23일 일기 등 참조.

23. A. 타르코프스키, 같은 책, 236쪽.

1. R. 브라운, 「식량위기에 직면하여」, 『녹색평론』, 1996, 9~10월호, 통권30 , 3~18, 12쪽.

2. 양명수, 『녹색윤리』, 서광사, 1997, 207~208쪽에서 재인용.

3. R. 로티, 김동식, 이유선 역, 『우연성, 아이러니, 연대성』, 민음사, 1997, 32쪽.

4. P. Ricoeur, D. Pellauer, K. Blamey, *Time and Narrative*, vol. 3, University of Chicago Press, 1988, p.182 참조.

5. D. Wood, *On Paul Ricoeur : Narrative and Interpretation*, Routlege, 1991, p.183.

6. 더 상세한 탈식민성 담론에 대해서는 김성곤, 『현대 미국문학』, 민음사, 1997, 322쪽 이하를 참조하라.

7. 김종철 편, 『녹색평론 선집 1』, 녹색평론사 1996, 17쪽.

8. A. 카뮈, 김화영 역, 『전락』, 책세상, 1994, 114~115쪽.

9. A. 카뮈, 방곤 역, 「이방인」, 『우리 시대의 세계문학 : 사르트르, 카뮈 편』, 계몽사, 230쪽.

놀고 있는 인간, 홍상수

1. 『정신 현상학』에서 헤겔이 구체적 삶의 지평을 떠나 순결한 이상주의에 사로
   잡혀 있는 낭만주의자들을 조금은 비아냥거리는 뉘앙스로 명명했던 개념이다.
   G.W.F. Hegel, *Phänomenologie des Geistes*, Felix Meiner, 1952, 199쪽 참조.

2. 솔 크립키는 『이름과 필연』에서 "만일 어떤 표현이 모든 가능적 세계에서 동일
   한 대상을 지시한다면 이 표현은 고정 지시어"라고 정의한다. 당연히 이름은 고
   정 지시어이고, 마치 이름같이 굳어진 특성 가령 홍상수라는 이름과 거의 등
   치화 되는 홍상수적 특성도 고정 지시어로 간주된다. 솔 크립키, 정대현 외 역,
   『이름과 필연』, 서광사, 1986, 66쪽 이하 참조.

3. 허문영, 「길 읽기의 아찔한 아름다움」, 『시네 21』, 752호, 홍상수 특집호,
   2010. 05. 04~05. 11, 30쪽.

4. 장 미셸 프루동, 「그로 인해 한국이라는 우물에 빠졌노라」, 같은 책, 26쪽.

5. 허문영, 위의 글, 같은 책, 31쪽.

6. 클레어 드니, 「홍상수는 우리를 덜 멍청하게 만든다」, 같은 책, 28쪽.

7. 허문영, 위의 글, 같은 책, 30쪽.

8. I. Kant, trans by J. H. Bernard, *Critique of Judgement*, Hafner Press 1951, p.15~.

9. J. P. Sartre, trans by Hazel E. Barnes, *Existentialism and Human Emotions*, Castle
   Book, 1980, p.12f.

10. R. Berstein, *Praxis and Action*, University of Pennsylvania Press, 1971, p.111에서 재
    인용.

11. 「홍상수와 정성일의 대화」,『씨네 21』, 752호, 홍상수 특집호, 2010. 05. 04~05. 11, 38~56쪽 참조.

12. G. 들뢰즈, 김상환 역,『차이와 반복』, 민음사, 2004, 21쪽.

13. 리차드 로티는 철학사를 형이상학의 마지막 근거, 이를테면 플라톤의 이데아, 아리스토텔레스의 부동의 원동자, 스피노자의 영원의 상, 헤겔의 절대자 같은 최종어휘로 수렴되는 체계가 대체되어온 역사로 간주한다. 물론 그의 신 실용주의는 사회적 실천에 효용성이 없는 한, 최종어휘를 거부한다.

  R. Rorty, *Essay on Heidegger and others*, vol 2. Cambridge University Press, 1994, p.28~.

14. G. 들뢰즈, 위의 책, 18쪽.

15. G. 들뢰즈, 같은 책, 19쪽.

16. G. 들뢰즈, 같은 책, 21쪽.

17. G. 들뢰즈, 같은 책, 44쪽.

18. G. 들뢰즈, 같은 책, 79쪽.

19. "Warum ist überhaupt Seiendes und nicht vielmehr Nichts?" M. Heidegger, *Einführung in die Metaphysik*, Vittorio Klostermann, 1983, p.3.

20. G. 들뢰즈, 위의 책, 80쪽.

21. G. 들뢰즈, 같은 책, 112쪽.

22. G. 들뢰즈, 같은 책, 112쪽.

23. G. Deleuze, F. Guattari, trans by B. Massumi, *A Thousand Plateaus*, University of

Minnesota Press, 1987, p.238. 생성이 이뤄지는 유목적 지평의 총체로 이해해볼 수 있다.

24. G. 들뢰즈/F. 가타리, 김재인 역, 『천개의 고원』, 새물결, 2003, 452쪽.

25. G. 들뢰즈/F. 가타리, 같은 책, 452쪽.

26. G. 들뢰즈, 위의 책, 21쪽.

27. L. Wittgenstein, *Philosophische Untersuchungen*, Suhrkamp, 1980, p.290. 여기서 비트겐슈타인은 '다섯'이라는 낱말의 의미는 '다섯이란 낱말이 어떻게 사용되는가das Wort 'fünf' gebraucht wird?'라고 주장한다.

28. G. 들뢰즈, 위의 책, 21쪽.

29. 허문영, 위의 글, 『시네 21』, 752호, 홍상수 특집호, 2010. 05. 04~05. 11, 30쪽.

30. F. Nietzsche, *Also Sprach Zarathustra*, Alfred Kröener Verlag, 1969, p.12.

어느 개죽음, 한심한

1. F. Kafka, trans by Eithne Wilkins & Ernst Kaiser, *The Castle and The Trial*, Alfred A. Knopf Inc., 1958, p.19. 몇 권의 국역본이 나와 있으나 의미의 뉘앙스를 잘 보여준다고 판단되는 영역본을 텍스트로 했다.

2. F. Kafka, 같은 책, p.286.

3. F. Kafka, 같은 책, p.19.

4. F. Kafka, 같은 책, p.286.

5. 이에 대한 상론은 3장을 참조할 것.

6. F. Nietzsche, trans by M. Clark & A.J. Swensen, *On the Genealogy of Morality, A Polemic*, Hackett Publishing Co., 1998, p.9.

7. F. Nietzsche, 같은 책, p.13 이하 참조.

8. J. Warren, *Facing Death, Epicurus and his Critics*, Oxford University Press, 2005, p.7. 그 내용은 "신은 우리 인간들에게 관심이 없다./죽음은 두려워할 게 아니다./좋은 것은 얻기 쉽다./나쁜 것은 피하기 쉽다." 등이다.

9. J. Warren, *D. Laertius, Letters 10, 15~16*, 같은 책, p.9에서 재인용

10. Cicero, Idomeneus, Diogenes, Hermarchus 등의 편지나 문헌 등에서 에피쿠로스의 즐겁고 평온한 임종에 대한 기록들은 풍부하게 전해진다.
    J. Warren, 같은 책, p.10 및 각주 15 참조.

11. J. Warren, *Epicurus's letter to Menoeceus 125*, 같은 책, p.19에서 재인용.

12. J. Warren, 같은 책, p.20. 영화배우이자 감독인 우디 알렌도 워런처럼 다음과 같

은 재치 넘치는 조크로 에피쿠로스의 이 편지를 패러디 한다. "나는 죽음이 두렵지 않다. 죽음이 일어날 때, 나는 거기에 없을 테니까" Julian Young, *Heidegger's Late Philosophy*, Cambridge University Press, 2002, p.66에서 인용.

13. J. Warren, 위의 책, p.10.

14. J. Warren, 같은 책, p.12.

15. J. Warren, 같은 책, p.155.

16. F. Kafka, 위의 책, p.267~276 참조. 이 삽화는 서술방식을 바꾸고 압축하여 『법 앞에서Vor dem Gesetz』라는 제목의 독립된 짧은 단편으로도 간행됐다. 국역본으로는 F. 카프카, 전영애 역, 『변신·시골 의사』, 민음사, 2003에 실려 있다.

17. M. D. Montaigne, *Essay*, Encyclopaedia Britannica, Chicago University Press, 1982, p.28에서 재인용.

18. M. D. Montaigne, 같은 책, p.29.

19. J. Warren, 위의 책, p.5에서 재인용.

20. M. D. Montaigne, 위의 책, p.29.

21. M. D. Montaigne, 같은 책, p.29.

22. M. D. Montaigne, 같은 책, p.31.

23. M. Heidegger, *Sein und Zeit*, Max Niemeyer Verlag, 1972, p.267. 상론은 5장 이후 참조.

24. M. D. Montaigne, 위의 책, p.31.

25. M. D. Montagine, 같은 책, p.34.

26. M. D. Montaigne, 같은 책, p.33에서 재인용.

27. M. D. Montaigne, 같은 책, p.36.

28. M. D. Montaigne, 같은 책, p.34.

29. F. Kafka, 위의 책, p.18.

30. F. Kafka, 같은 책, p.286.

31. F. Kafka, 같은 책, p.281.

32. F. Kafka, 같은 책, p.20.

33. M. Heidegger, 위의 책, p.240.

34. M. Heidegger, 같은 책, p.253.

35. L. N. 톨스토이, 고일 역, 『이반 일리치의 죽음』, 작가정신, 2005, 70쪽.

36. L. N. 톨스토이, 같은 책, 69쪽.

37. M. Heidegger, 위의 책, p.262.

38. M. Heidegger, 같은 책, p.264.

39. L. N. 톨스토이, 위의 책, 110쪽.

40. L. N. 톨스토이, 같은 책, 111쪽.

41. 질료인, 형상인, 목적인, 작용인을 각각, 땅, 하늘, 신성한 것, 죽을 자로 대칭 시켜보면 큰 틀에서 이 개념들이 어떤 맥락에 있는지 감이 잡힐 것이다.

42. M. Heidegger, *Vorträge und Aufsätze*, Max Niemeyer, 1978, p.144.

43. M. Heidegger, 같은 책, p.145.

44. M. Heidegger, *Holzwege*, Vittorio Klostermann, 1980, p.270.

45. M. Heidegger, 같은 책, p.156 참조.

46. F. Kafka, 위의 책, p.286.

47. J. Derrida, trans by Thomas Dutoit, *Aporia*, Stanford University, 1993, p.35.

48. J. Derrida, 같은 책 p.35에서 재인용.

매체 노예

《매트릭스》 23
《피아노》 13
《하나 그리고 둘》 24
『말과 사물』 38
『미디어의 이해』 19
『순수이성비판』 26
『오셀로』 14
『존재와 시간』 14
『차라투스트라는 이렇게 말했다』 30, 34
『파이돈』 29
기의 24
기표 13, 24, 25
노예의 장소 15
대지 28, 31~36
데스데모나의 손수건 15, 14, 20
디지털 영지주의 27, 28, 30~36
맥루언, 마셜 19, 32
메디우스 15
무거운 정신 33
미디어 15
보드리야르, 장 20
세상 사람 25, 26
셰익스피어, 윌리엄 14, 15
소크라테스 29
시뮬라크르 19, 20, 34
심부름꾼 13~15, 19, 27, 35~36
양 에드워드 24
영지주의 27~30, 32~34
영토화 23~25
요나스, 한스 29

유명론 29
유사 진리 20
주인과 노예의 변증법 17
지배와 예속의 변증법 15
지젝, 슬라보예 20, 21, 27, 28, 30
칸트, 임마누엘 26, 36
캠피온, 제인 13
코드화 23, 32
탈대지화 32
탈물질화 30
탈영토화 35
탈육체화 32
탈육화 27, 28, 30, 33, 34, 36
틈 15~17, 19
평균인간 25
푸코, 미셸 38
플라톤주의 28, 29, 35
핍진성 20
하이데거, 마르틴 14, 25, 26
하이퍼 리얼리티 20, 35
헤겔, G. W. F. 15~17

상처와 애무

『계몽의 변증법』 49
『성찰』 43~45
『숲길』 45
『의사소통행위이론』 49
『이방인』 47, 48
감김 62, 63
객관세계 49

게-슈텔 46, 47
급진화 54~56, 58, 61,
데카르트, 르네 42~45, 48, 49,
도구적 합리성 51
돈키호테 54, 56~59, 64
라캉, 자크 65
레비나스, 에마뉘엘 56~59, 61, 64
메를로-퐁티, 모리스 59
명석 판명성 43
목적합리성 49
반초월성 52
발화 45, 51, 57, 58
부르넬레스키 43
비데로 43
사회세계 49, 50
산초 53~58, 64
산초2 55, 56, 58
살 57, 58, 61~64
살의 존재론 61
상처 42, 55~58, 64, 65
생활세계 52, 58
세계 이미지 45, 62
시선 43, 48, 60, 61, 64
시선의 애무 59, 60
아도르노, T. W. 48
아우슈비츠 49
애무 56~59, 61, 65
역사 속의 이성 49
응시주체 46~48, 51~53
의사소통적 합리성 49, 51
이성의 간지 56
주관세계 49, 50

카뮈, 알베르 47, 48
코기토 43, 45, 47, 48, 62
파스칼, 블레즈 44
표상화 45, 46, 48, 51, 53
프랑크푸르트 학파 49
하버마스, 위르겐 49, 51~52
하이데거, 마르틴 45, 46, 51
합리주의 63
헤겔, G. W. F. 56
현상학 52
호르크하이머, 막스 48

쓰는 자 누구인가

『로미오와 줄리엣』 71
『이상 국가』 76
『춘향전』 69
『토니오 크뢰거』 79
『파이드로스』 73
공손추 76
되기 81
만, 토마스 79
맹자 76~78
문자 어휘 73
소크라테스 73
예지 어휘 73
플라톤 72~75, 77, 82
플로베르, 귀스타브 81, 82
호연지기 77, 76

술주정뱅이와 가로등

《등대》 95
『강연과 논문』 96
『더블린 사람들』 90
『동무론』 97
『미술사의 기초개념』 94
『제국』 99
가족 유사성 104
거주 97
계몽주의 101
공리주의 92
공통종족 102
구체적 보편 101
기투 105
김영민 97, 98
네그리, 안토니오 99, 100~103
니체, F. W. 89
다원적 교환 100
다중 100~103, 105, 106
동무 97~98, 106
라캉, 자크 97
렘브란트 94
루벤스, P. P. 94
르네상스 94
맹목적 합목적성 105
바로크 94, 95, 98
뵐플린, 하인리히 94
비트겐슈타인, 루트비히 104
사방 인간 96, 97
사이 인간 96
새로운 지리학 102~104, 106

생체정치, 생체정치학 104, 105
순결한 영혼 105
술주정뱅이 92, 93
식민주의 99
아파트 86, 104
영토화 98, 99
유목주의 101
유연한 위계 100
인문연대 97
접선 98
제국 99, 100, 103~106
제국주의 99, 100
조이스, 제임스 90
죽어야 하는 것 96
촘스키, 노엄 91
탈영토화 86, 103
탈중심화 100
투명성 106
특이성 102
틈 89, 98, 105
팍스 아메리카나 105
포크너, 윌리엄 95, 96
피투 105
하이데거, 마르틴 96, 97
하트, 마이클 99~103
학문연대 95, 98, 99
학문인증제 105
헤겔, G. W. F 105
혼종적 정체성 100, 102

애무와 헛손질

《거짓말》 121
《밀리언 달러 호텔》 113
《보봐리 부인》 120
『열린사회와 적들』 115
『유티프론』 118
『푸른 눈동자』 114
고립된 사실 109
공자 116
니체, F. W. 123
돈키호테 111, 112
레비나스, 에마뉘엘 117
모리슨, 토니 114
벤더스, 빔 113
보편적 절대주의 119
분과학 109~110, 114, 115, 122, 123
비트겐슈타인, 루트비히 110, 111
산초 111, 112
샤브롤, 클로드 120
섭공 116
소크라테스 118, 119
소크라테스주의 119
소피스트 118
애무 117, 118
예수 119
우나모노 111
장선우 121
정도전 115
포퍼, 칼 115
플라톤주의 119
플로베르, 귀스타브 121

하이데거, 마르틴 121
현상학 110
화용론 111
화이트헤드, A. N. 109
후설, 에드문트 110

죽은 나무 꽃피우기

《희생》 127
『강연과 논문』 145
『광기의 역사』 139
『돈키호테』 141
『리어왕』 141
『방법서설』 137
『수상록』 148
『순교일기』 128, 143, 146
『숲길』 138
『차라투스트라는 이렇게 말했다』 132
대감금의 역사 140
데카르트, 르네 138~140, 146
디오니소스 139
머무는 것 145, 146
몽테뉴, 미셸 드 148
사유주체 138
엥겔스, 프리드리히 147
영겁회귀 127, 130, 132, 133
예술론 147
용기 133
종합병원 140, 142
지은 것 146
타르코프스키, 안드레이 128

판단중지 136
푸코, 미셸 139, 140
피렌체 144
하이데거, 마르틴 138, 145~148
헬레니즘 139

멋진 이야기

『결혼』 166
『바다 밑 이만리』 153
『백경』 169
『에밀』 170
『이방인』 166
『전락』 166
『톰 아저씨의 오두막집』 170
『희랍인 조르바』 169
그르니에, 장 166
기표 159, 170
기하학적 명증성 154
노장 158
데리다, 자크 170
로티, 리차드 161, 162
루소, 장 자크 158, 170
리쾨르, 폴 160
매킨타이어, 알래스데어 160
멜빌, 허먼 169
베른, 쥘 152, 153
상투성 154
생태주의 151, 163, 165, 170, 171
서사화 160, 163
소로, H. D. 158

스토, H. B. 170
시애틀 164, 165, 171
실증과학 154
언어적 전회 161
주술적 신비 154
카뮈, 알베르 166, 168
카잔차키스, 니코스 169
탈식민성 164
탠슬리, A. G. 151
하이데거, 마르틴 170
후설, 에드문트 154

놀고 있는 인간, 홍상수

《강원도의 힘》 191
《개입자》 178
《극장전》 180, 181, 183, 186, 191
《대사들》 200
《돼지가 우물에 빠진 날》 182, 201
《매트릭스》 200
《밤과 낮》 195, 199
《생활의 발견》 186, 191, 201
《여자는 남자의 미래다》 190
《오! 수정》 191
《잘 알지도 못하면서》 176, 177, 181, 191,
                    195, 197, 199
《파멸》 194
《하하하》 179, 182~184, 199, 201
《해변의 여인》 182~184, 186, 190
《희생》 183
『실존주의는 휴머니즘이다』 183

『차라투스트라는 이렇게 말했다』 201
『차이와 반복』 188, 191, 198
『판단력 비판』 181
가타리, 펠릭스 193, 194
개념틀 186
경험론 186, 196, 198
고정 지시어 176
규정판단 181, 182
기의 199
기표 180, 186, 199
김기덕 200
놀기 195
니체, F. W. 191, 201
대상 a 201
독과점 작가 180, 181
돈키호테 196
동어반복 유희 179
동일자의 영원한 회귀 191
동일화 180, 193
되기 191~195, 199
드니, 클레어 178
라이프니츠, G. W. 189, 190
라캉, 자크 196, 199, 201
로메르, 에릭 177
미적 판단 182,
바르트, 롤랑 200
박찬욱 200
반복 188
반성판단 181, 182
베르그송, 앙리 193
브레송, 로베르 177
비실체 189

비트겐슈타인, 루트비히 197
사르트르, 장 폴 183
생성의 블록 192, 193, 194
속물 185~187
숨겨진 발화자 180
스투디움 200
신 나는 맹목 202
실존주의 183
아름다운 영혼 198
아이온 195
언어 용도이론 197
에레혼 196, 198
엘레아 학파 192
오종, 프랑소아 177
유희하는 아이 201
이기 192, 194, 199
이순신 184, 185
이창동 200
정언명법 176
제논 192
주문형 작가 182
주술전치 179, 180, 190
차이, 차이화, 차이소 188, 189
초연함 176
최종어휘 187
칸트, 임마누엘 180, 181
코페르니쿠스적 혁명 190, 191
큰 타자 196
키에르케고르, 쇠렌 184
타르, 벨라 194
타르코프스키, 안드레이 183
틈 180, 200

페르소나 186, 195
푼크툼 200, 201
프루동, 장 미셸 177
허문영 178, 179, 199
형식틀 186
홀바인, 한스 200

어느 개죽음, 한심한

4원인 226
《빵과 포도주》 229
『갈리아 전쟁기』 216
『강연과 논문』 220
『변신』 219, 220
『심판』 205, 206, 217, 220
『아포리아』 232
『언어의 도상에서』 232
『에세이』 213
『이반 일리이치의 죽음』 222
『존재와 시간』 220
가능성에의 선구 223
거리의 파토스 208
거주 226
겹침 226
고향상실 228
기투 223
네그리, 안토니오 206
니체, F. W. 208
데리다, 자크 232
독사 209
라에르티오스, 디오게네스 210

메노에세우스 210
메멘토 모리 214, 215
몽테뉴, 미셸 드 213~216, 226
보살핀다 226
보편적 개체 229
복면 216
본질직관 211
사방 226, 228, 232
생체정치학 206
선한 죽음 228
식민화 206
아타락시아 211
에이도스 215
에피스테메 209, 211, 216
영국심리학자들의 오류 208
워런, 제임스 211
전체성 223
죽음에의 선구 215, 223~225
죽음을 향한 존재 220~226
카이사르, G. J. 216
카이사르의 투시법 216
카토, M. P. 210
카프카, 프란츠 205, 207, 219
코드화 206
키케로, M. T. 213
탈레스 213
테트라파마르코스 209
톨스토이, 레프 222
통속요법 213
헤르마쿠스 211
횔덜린, J. C. F. 228